おべんとうの小さなおかずカタログ 300

市瀬悦子

おべんとうの作り方

小さなおかずがちょこちょこ詰まったおべんとうが待っている日は、お昼休みが待ち遠しい♪
この本のレシピはぜーんぶ1人分。おべんとうにちょうどいい少量サイズだから、作った
おかずを余らせてしまうことはナシ！ 「少量作るのはむずかしい」という人にも、
1人分を手軽においしく作る工夫をたくさんご紹介します。

1 おかずを何品か詰め合わせる日

おべんとう箱に詰めるおかずの数は自由。片寄らず、いろいろな色が入るように組み合わせると、見た目も栄養面もぐっとアップします。当日の朝は、まずいため物など加熱するものを先に作り、冷ましている間にあえ物やサラダを作ると時間にムダがありません。

ごはんの種類は気分でかえる

白ごはんのままもいいけれど、好きなふりかけをかけたり、変わりおにぎりや超簡単なまぜごはんなどで気分を変えても◎。

➡ おにぎりカタログ (p.18〜)
➡ まぜごはんカタログ (p.46)

メインおかずを1品

肉や魚介のおかずは良質なたんぱく質が豊富。体の活動を維持するための大事なエネルギー源なのでおべんとうでも確保できるとベスト。

➡ Chapter2 (p.48〜)
➡ ウインナカタログ (p.14〜)

小さいおかずを1〜2品

卵や野菜、大豆製品、ねり製品、乾物などでサブおかずを詰めましょう。いろんな色おかずを組み合わせられると理想的。

➡ 卵カタログ (p.10〜)
➡ ブロッコリーカタログ (p.16〜)
➡ Chapter1 (p.20〜)

プチ食材ですきまうめ

ほぼそのままで詰められる食材ですきまをうめ、おかずと違う色の食材を組み合わせれば、手軽にカラーバランスがとれます。

➡ Column4 (p.90)

2　1品べんとうにする日

時間がない日や気分を変えたいときは、すぐに作れる1品だけのおべんとうの出番。具材をカラフルにたっぷり使ったサラダ、ごはんもの、めん、パンなら満腹になります。ちょっと足りなければ、Chapter1のおかずや、フルーツ、チーズなどを添えればさらに満足度アップです。

サラダ＆スープべんとう ➡ Chapter3

＋ おにぎりをつけても

めんべんとう ➡ Chapter3

ごはんもの ➡ Chapter3

パンべんとう ➡ Chapter3

＋ Chapter1の小さなおかずを組み合わせてもOK

おべんとう作りには「小さな調理道具」が必須アイテム

この本では1人分のおべんとうおかずを作るので、使う食材は少量。それに合わせて、調理道具もおべんとう用にミニサイズを用意しましょう。ミニゴムべらやミニ泡立て器なら小回りがきくので、調味料をまぜたり、食材をあえたりする作業がラクで、小さめのフライパンやなべ、耐熱ボウルなら加熱効率がよく、調理時間が短縮できます。

直径16〜18cmのフライパン　ミニゴムべら　ミニ泡立て器　直径12cmほどの耐熱ボウル　直径14〜18cmのなべ

見た目の彩り＝栄養バランスのバロメーター

野菜の色と栄養は深いつながりがあります。
同色の野菜は、共通する栄養素を含むことが多く、
色ごとにおおまかな栄養や効能を覚えておくと便利。
おべんとうにいろいろな色を詰めれば
自然と栄養バランスがととのいます。

Red 赤

トマトに含まれる赤い色素のリコピン、にんじんやトマトに多いβ-カロテン、パプリカにたっぷりのビタミンA・C・E。いずれも免疫力アップにひと役。鮭やえびに含まれるアスタキサンチンは疲労回復を促進。

Green 緑

葉物野菜を筆頭にビタミンCが豊富。ビタミンCはシミやそばかすの予防や、コラーゲンの吸収を助けて肌にハリを与える働きも期待。カルシウムや鉄分などのミネラルもしっかり補給できます。

Brown & Black 茶・黒

黒の野菜には紫の野菜同様、ポリフェノールが含まれ、強力な抗酸化力を発揮。ごぼう、きのこ、こんにゃくなど食物繊維が豊富な食材が多く、おなかをすっきりさせたいときに積極的にとりたい食品です。

Purple 紫

紫キャベツ、紫玉ねぎ、さつまいもの皮には、紫の色素・アントシアニンが含まれています。視力や目の機能アップをサポート。強い抗酸化作用も持っているので、さつまいもは皮ごと食べるとよいでしょう。

Yellow 黄

強い抗酸化作用があり、かぼちゃに豊富なビタミンEは血行を促進し、冷えや肩こりを改善。パプリカなど緑黄色野菜に含まれる黄の色素成分・ルテインはPCやスマホで酷使した目の網膜を保護します。

White 白

生の大根やかぶの消化酵素ジアスターゼは消化を助ける働きがあります。白菜やれんこんはビタミンCが豊富。白の色素・イソチオシアネート（ポリフェノールの一種）はがん予防が期待できる。

1カ月24日分の おべんとうカレンダー

小さなおかずをカラフルに詰めるおべんとうの日もあれば、1品ですませる日もあり。冷蔵庫の中身やその日の気分で組み合わせを楽しみましょう！

Day 1
- ごはん
- ミニトマトのマリネ (p.24)
- 小松菜とお揚げのさっと煮 (p.29)
- 豚肉のくるくるのり照り焼き (p.50)

Day 2
- ごはん
- タルタルサラダ (p.13)
- 紫キャベツのマリネ (p.37)
- えびマヨ (p.71)

Day 3
- ごはん
- チンゲンサイとメンマのごま酢あえ (p.31)
- たくあんともやしのごまいため (p.32)
- 肉だんごの甘酢あん (p.62)

Day 4
- ごはん
- 野沢菜漬け
- にんにくみそ味玉 (p.13)
- さんまのかば焼き (p.66)
- みょうがの甘酢漬け (p.37)

Day 5
- 雑穀ごはん
- キャベツとハムのレモンコールスロー (p.29)
- 貝割れ卵いため (p.13)
- 鶏肉のコチュジャン照り焼き (p.57)

Day 6
- ごはん
- フライパンゆで鮭 (p.68)
- ブロッコリーのごまじゃこあえ (p.17)
- さつまいものマーマレード煮 (p.37)

05

Day 7
ささっとハヤシのっけ (p.82)

Day 8
レンジ牛すき煮風 (p.61)
はんぺんの
コーンマヨ焼き (p.32)
きゅうりの
昆布ポン酢漬け (p.28)
＋ ごはん

Day 9
ブロッコリーの
梅マヨあえ (p.17)
かじきの
ベーコン巻きソテー (p.69)
ひじきとれんこんの
ピリ辛サラダ (p.43)
＋ ごはん

Day 10
りんご、カマンベール、生ハムの
カスクルート (p.89)

Day 11
カレーポークサラダ (p.77)
雑穀塩おにぎり (p.18)

Day 12
いんげんの
みそマヨあえ (p.31)
れんこんと玉ねぎの
さっぱりサラダ (p.39)
パプリカとソーセージの
ケチャップいため (p.27)
＋ ごはん

Day 13
絹さやグラッセ (p.28)
ハニーマスタードチキン (p.56)
ミニトマトとカッテージチーズの
サラダ (p.35)
＋ ごはん

Day 14
厚揚げともやしの
中華スープ (p.79)
鮭マヨ七味おにぎり (p.18)

おべんとうの小さなおかずカタログ

Contents

おべんとうの作り方……2

見た目の彩り＝栄養バランスのバロメーター……4
1カ月24日分のおべんとうカレンダー……5

卵カタログ……10
ウインナカタログ……14
ブロッコリーカタログ……16

Chapter 1
カラフルで小さな簡単おかず……20

7色の食材について……22
赤のおかず……24
緑のおかず……28
黄のおかず……32
紫のおかず……36
白のおかず……38
茶・黒のおかず……42

Chapter 2
肉・魚介の主役おかず……48

豚肉のおかず……50
鶏肉のおかず……56
牛肉のおかず……60
ひき肉のおかず……62
魚のおかず……66
えび・いかのおかず……70

Chapter 3

パッと作れてぎっしりおいしい、1品べんとう……74

サラダ・スープべんとう……76
ごはんもの……80
めんべんとう……84
パンべんとう……87

材料別INDEX……92

Column

1　おにぎりカタログ……18
2　まぜごはん＆ふりかけカタログ……46
3　おべんとうをちょっとかわいくするアイデア……72
4　詰めるだけ！ すきまうめ食材カタログ……90

この本のルール

●材料は1人分で表示しています。料理によっては作りやすい分量の場合もあります。

●小さじ1は5ml、大さじ1は15ml、1カップは200mlです。

●作り方の火かげんは、特に表記がない場合は中火で調理してください。

●電子レンジの加熱時間は600Wの場合の目安です。500Wのものを使用する場合は加熱時間を約1.2倍にしてください。機種によって多少異なることもありますので、様子を見ながらかげんしてください。

●この本では3ページで紹介している小さめのフライパンやなべを使用しています。電子レンジ調理時に使う耐熱ボウルや耐熱皿のサイズは、1人分で直径12cmが目安です。

●フライパンは原則的にフッ素樹脂加工のものを使用しています。

●野菜類は、特に表示がないものは、洗う、皮をむくなどの作業をすませてからの手順を説明しています。

●だしは、昆布と削り節中心の和風だし（市販品OK）です。スープは、顆粒または固形スープのもと（コンソメ、ブイヨンの名の市販品）でとった洋風スープです。

バリエがふえる 卵カタログ

 ### 卵のおかず

冷蔵庫にある卵1個が、定番の卵焼きからアレンジゆで卵まで変幻自在。どんな食材とも相性がよく、いろいろなおかずと組み合わせられます。

- 基本の卵焼き (p.11)
- レンジバーグ (p.63)
- ピーマンのごま中華あえ (p.31)

基本の卵焼き

材料（1人分）
- 卵 … 1個
- A
  - 砂糖 … 小さじ2
  - みりん … 小さじ1/2
  - 塩 … ひとつまみ
- サラダ油 … 少々

作り方
1. 卵は割りほぐし、**A**をまぜる。
2. フライパンにサラダ油を薄く広げて中火で熱し、卵液を流し入れる。木べらで大きくまぜ、半熟状になったら平らにならして広げる。左右を内側に折りたたみ、手前から巻く。
3. キッチンペーパーで包んで形をととのえ、あら熱をとり、食べやすく切る。

ねぎしらす卵焼き

材料（1人分）
- 卵 … 1個
- ねぎ（みじん切り） … 大さじ1/2
- しらす干し … 小さじ2
- A
  - 砂糖 … 小さじ2
  - みりん … 小さじ1/2
  - 塩 … ひとつまみ
- サラダ油 … 少々

作り方
1. 卵は割りほぐし、**A**、ねぎ、しらすをまぜる。
2. フライパンにサラダ油を薄く広げて中火で熱し、卵液を流し入れる。木べらで大きくまぜ、半熟状になったら平らにならして広げる。左右を内側に折りたたみ、手前から巻く。
3. キッチンペーパーで包んで形をととのえ、あら熱をとり、食べやすく切る。

明太卵焼き

材料（1人分）
- 卵 … 1個
- からし明太子（ほぐす） … 小さじ1
- A
  - 砂糖 … 小さじ2
  - みりん … 小さじ1/2
  - 塩 … ひとつまみ
- サラダ油 … 少々

作り方
1. 卵は割りほぐし、**A**、からし明太子をまぜる。
2. フライパンにサラダ油を薄く広げて中火で熱し、卵液を流し入れる。木べらで大きくまぜ、半熟状になったら平らにならして広げる。左右を内側に折りたたみ、手前から巻く。
3. キッチンペーパーで包んで形をととのえ、あら熱をとり、食べやすく切る。

青のりチーズ卵焼き

材料（1人分）
- 卵 … 1個
- 青のり … 小さじ1/2
- ピザ用チーズ … 大さじ1
- A
  - 砂糖 … 小さじ2
  - みりん … 小さじ1/2
  - 塩 … ひとつまみ
- サラダ油 … 少々

作り方
1. 卵は割りほぐし、**A**、青のり、ピザ用チーズをまぜる。
2. フライパンにサラダ油を薄く広げて中火で熱し、卵液を流し入れる。木べらで大きくまぜ、半熟状になったら平らにならして広げる。左右を内側に折りたたみ、手前から巻く。
3. キッチンペーパーで包んで形をととのえ、あら熱をとり、食べやすく切る。

カップココット

材料（1人分）
卵 … 1個
塩、こしょう … 各少々
ホールコーン缶 … 小さじ1
パセリ（みじん切り）… 少々

作り方
1 アルミカップに卵を割り入れ、塩、こしょうを振り、白身の部分にコーンを散らす。
2 オーブントースターで7分ほど焼き、仕上げにパセリを振る。

即席めんつゆ味玉

材料（1人分）
ゆで卵 … 1個
A ┃ めんつゆ（3倍濃縮タイプ） … 大さじ2
  ┃ 熱湯 … 1/3カップ
  ┃ 塩 … 少々

作り方
容器にAをまぜ、殻をむいたゆで卵を入れる。キッチンペーパーをかぶせて15分ほどおき、味をしみ込ませる。

ADVICE 容器は湯のみのような、細いものがベスト。残ったつけ汁は、煮物やめんのつゆに利用しても。

ケチャップ照り焼き半月卵

材料（1人分）
卵 … 1個
A ┃ トマトケチャップ、水 … 各大さじ1
  ┃ しょうゆ … 小さじ1
  ┃ 砂糖 … 小さじ1/2
サラダ油 … 少々

作り方
1 フライパンにサラダ油を中火で熱し、卵を割り入れる。白身の底が焼けたら黄身をつぶして、さっと焼き、半分に折る。
2 半分に切ってまぜ合わせたAをかけ、好みであらびき黒こしょうを振る。

たらこスクランブルエッグ

材料（1人分）
卵 … 1個
たらこ（薄皮を除いてほぐす） … 小さじ1
こしょう … 少々
ごま油 … 少々

作り方
1 卵は割りほぐし、こしょうをまぜる。
2 フライパンにごま油を中火で熱し、1を流し入れる。全体に火が通るまで大きくまぜながらいため、たらこを加えていため合わせる。

貝割れ卵いため

材料(1人分)
卵 … 1個
貝割れ菜 … 1/6パック
A┃ だし … 大さじ1/2
　┃ 砂糖 … 大さじ1
　┃ 塩 … ひとつまみ
サラダ油 … 小さじ1

作り方
1. 卵は割りほぐし、Aをまぜる。貝割れ菜は根元を切って1cm長さに切って卵にまぜる。
2. フライパンにサラダ油を中火で熱し、1を流し入れる。大きくまぜながら火が通るまでいためる。

タルタルサラダ

材料(1人分)
ゆで卵 … 1個
きゅうりのピクルス … 小1/2本
A┃ マヨネーズ … 大さじ1
　┃ 粒マスタード … 小さじ1/2
　┃ 塩、こしょう … 各少々

作り方
1. ゆで卵は殻をむき、手であらく割る。ピクルスは小口切りにする。
2. ボウルにAをまぜ、ゆで卵、ピクルスを入れてあえる。

スタッフドエッグ

材料(1人分)
ゆで卵 … 1個
プロセスチーズ … 10g
マヨネーズ … 大さじ1/2
こしょう … 少々
パセリ(みじん切り) … 少々

作り方
ゆで卵は縦半分に切り、黄身をとり出し、ボウルに入れる。小さく刻んだチーズ、マヨネーズ、こしょう、パセリをまぜ合わせ、白身のカップにこんもりと盛る。

にんにくみそ味玉

材料(1人分)
ゆで卵 … 1個
A┃ みそ … 大さじ2
　┃ しょうゆ … 小さじ1
　┃ 砂糖 … 大さじ1
　┃ にんにく(すりおろし)
　┃ 　… 少々

作り方
ポリ袋にAをまぜ、殻をむいたゆで卵を入れてなじませ、空気を抜く。冷蔵庫で一晩漬ける。

バリエがふえる
ウインナカタログ

🌭 ウインナソーセージ

さっと火を通すだけで、肉のおかずが簡単に作れる便利食材。野菜と組み合わせると、ボリュームたっぷりのおべんとうおかずになります。

- バジルレモンソーセージ (p.15)
- ズッキーニのオリーブオイル焼き (p.28)
- 紫キャベツのマリネ (p.37)

バジルレモンソーセージ

材料（1人分）
ウインナソーセージ … 3本
レモン（いちょう切り）… 4切れ
バジル（乾燥）、
　あらびき黒こしょう … 各少々
サラダ油 … 少々

作り方
1　ウインナは斜めに切り込みを入れる。
2　フライパンにサラダ油を中火で熱し、ウインナをいためる。こんがりとしたらレモン、バジル、黒こしょうを加えてさっといためる。

ウインナとキャベツのソースいため

材料（1人分）
ウインナソーセージ … 2本
キャベツ … 1/2枚（25g）
中濃ソース … 小さじ1〜2
サラダ油 … 少々

作り方
1　ウインナは斜め薄切りに、キャベツは小さめの一口大に切る。
2　フライパンにサラダ油を中火で熱し、ウインナ、キャベツをいためる。キャベツがしんなりしたら、ソースで調味する。

ウインナのピザ風

材料（1人分）
ウインナソーセージ … 2本
にんじん … 2cm（20g）
ピザ用チーズ … 10g
トマトケチャップ … 少々
パセリ（みじん切り）… 少々

作り方
1　ウインナは7〜8mm厚さの小口切り、にんじんはせん切りにする。
2　アルミカップににんじん、ウインナを入れてピザ用チーズをのせ、オーブントースターで5分ほど焼く。ケチャップを添え、パセリを振る。

ウインナの串焼き

材料（1人分）
ウインナソーセージ … 2本
ヤングコーン … 1本
サラダ油 … 少々

作り方
1　ウインナ、ヤングコーンは1cm厚さの小口切りにして、交互にくしに刺す。
2　フライパンにサラダ油を中火で熱し、1を両面焼きつける。

バリエがふえる
ブロッコリーカタログ

ブロッコリーのおかず

緑が鮮やかで、おべんとう箱の中で映えるブロッコリー。淡泊な味なので、和風にも洋風にもエスニックにも合うオールラウンダーです。

- ブロッコリーの梅マヨあえ (p.17)
- かぼちゃの蒸し煮 (p.34)
- かじきのしょうが照り焼き (p.68)

ブロッコリーの梅マヨあえ

材料（1人分）
ブロッコリー … 3房（30g）
梅肉 … 小さじ1/2
マヨネーズ … 小さじ1

作り方
1 ブロッコリーは、大きいものは縦半分に切り、塩少々（分量外）を加えた熱湯でゆでる。ざるに上げて冷ます。
2 梅肉はマヨネーズとまぜ合わせ、ブロッコリーを加えてさっとあえる。

ブロッコリーとくるみのソテー

材料（1人分）
ブロッコリー … 3房（30g）
くるみ（あらく刻む） … 3個
あらびき黒こしょう … 少々
塩 … 適量
オリーブ油 … 少々

作り方
1 フライパンにブロッコリー、水大さじ2を入れて塩少々を振り、ふたをして中火にかける。3〜4分蒸し、竹ぐしがスーッと通るようになったら、ふたをとって水けをとばす。
2 オリーブ油を加えて焼き、くるみ、塩少々、黒こしょうを加えていためる。

ブロッコリーのおかかあえ

材料（1人分）
ブロッコリー … 3房（30g）
削り節 … ひとつまみ
めんつゆ（3倍濃縮タイプ）
　… 小さじ1/2

作り方
1 ブロッコリーは塩少々（分量外）を加えた熱湯で2〜3分ゆでる。ざるに上げて冷ます。
2 ブロッコリーに削り節、めんつゆを加えてあえる。

ブロッコリーのごまじゃこあえ

材料（1人分）
ブロッコリー … 3房（30g）
ちりめんじゃこ … ひとつまみ
いり黒ごま、しょうゆ、ごま油
　… 各小さじ1/2

作り方
1 ブロッコリーは塩少々（分量外）を加えた熱湯で2〜3分ゆでる。ざるに上げて冷ます。
2 ブロッコリーに、じゃこ、ごま、しょうゆ、ごま油を加えてあえる。

Column 1　おにぎりカタログ

ゆかり青のりおにぎり

材料（2個分）
あたたかいごはん … 茶わん1杯分（150g）
ゆかり、青のり … 各小さじ1/2
塩、焼きのり … 各適量

作り方
1　ごはんにゆかり、青のりをまぜる。
2　手に水、塩をつけ、1を三角ににぎり、のりをつける。

鮭マヨ七味おにぎり

材料（2個分）
あたたかいごはん … 茶わん1杯分（150g）
鮭フレーク … 大さじ2
マヨネーズ … 大さじ1/2
七味とうがらし … 少々
塩 … 少々

作り方
1　鮭フレーク、マヨネーズ、七味とうがらしをまぜる。
2　手に水、塩をつけ、ごはんに1を詰めてにぎる。

鮭の野沢菜巻きおにぎり

材料（2個分）
あたたかいごはん … 茶わん1杯分（150g）
鮭フレーク … 大さじ3
いり白ごま … 小さじ1
野沢菜漬け … 2枚
塩 … 少々

作り方
1　ごはんに鮭フレーク、ごまを加えてまぜる。
2　手に水、塩をつけ、ごはんを円盤形ににぎり、野沢菜漬けを巻く。

梅昆布おにぎり

材料（2個分）
あたたかいごはん … 茶わん1杯分（150g）
梅干し … 1個
昆布のつくだ煮 … 小さじ2
塩 … 少々

作り方
1　梅干しは種を除いてあらくたたき、昆布とまぜる。
2　手に水、塩をつけ、ごはんに1を詰めてにぎる。

雑穀塩おにぎり

材料（2個分）
あたたかい雑穀ごはん … 茶わん1杯分（150g）
塩 … 適量

作り方
手に水、塩をつけ、ごはんを三角ににぎる。

紅しょうがの肉巻きおにぎり

材料（2個分）
あたたかいごはん … 茶わん1杯分（150ｇ）
紅しょうが … 大さじ1
ねぎ（あらいみじん切り） … 小さじ2
豚バラ薄切り肉 … 2枚
サラダ油 … 小さじ1
焼き肉のたれ … 大さじ1/2
塩 … 少々

作り方
1　ごはんに紅しょうが、ねぎをまぜる。手に水、塩をつけ、ごはんを俵形ににぎり、豚肉を巻く。
2　フライパンにサラダ油を中火で熱し、1を巻き終わりを下にして焼く。こんがりとして巻き終わりがくっついたら、転がしながら肉の色が変わるまで焼き、たれをからめる。

いつでもどこでも食べられるおにぎりは、忙しくて昼ごはんに時間がとれない人たちの強い味方。
定番の梅や鮭の具にひと味プラス、青じそや肉を使った変わり巻きなどのアレンジが、気分転換になりそう。

チーズおかかおにぎり

材料（2個分）
あたたかいごはん … 茶わん1杯分（150g）
削り節 … 小1パック（3g）
粉チーズ … 大さじ1/2
しょうゆ … 小さじ1
塩 … 少々

作り方
1　削り節、粉チーズ、しょうゆをまぜる。
2　手に水、塩をつけ、ごはんに1を詰めてにぎる。

ちりめん山椒おにぎり

材料（2個分）
あたたかいごはん … 茶わん1杯分（150g）
ちりめん山椒のつくだ煮 … 大さじ1と1/2
塩 … 適量

作り方
1　ごはんにちりめん山椒をまぜる。
2　手に水、塩をつけ、ごはんを俵形ににぎる。あれば木の芽をはりつける。

ごま桜おにぎり

材料（2個分）
あたたかいごはん … 茶わん1杯分（150g）
いり白ごま … 小さじ2
桜の花の塩漬け … 8個
塩 … 適量

作り方
1　桜の花の塩漬けは水に5分ほどひたして水けをきり、2個を残して花びらの部分をあらみじんに切る。ごまとともにごはんにまぜる。
2　手に水、塩をつけ、ごはんを三角ににぎり、桜の花をつける。

ごまたくあんおにぎり

材料（2個分）
あたたかいごはん … 茶わん1杯分（150g）
たくあん（細切り） … 大さじ1と1/2
青じそ … 2枚
いり白ごま … 小さじ1
塩 … 少々

作り方
1　ごはんにたくあん、ごまを加えてまぜる。
2　手に水、塩をつけ、ごはんを三角ににぎり、青じそを巻く。

ザーサイ明太子おにぎり

材料（2個分）
あたたかいごはん … 茶わん1杯分（150g）
ザーサイ（味つき） … 小さじ2
からし明太子 … 1/4腹（20g）
塩 … 少々

作り方
1　ザーサイは細切りにする。明太子は薄皮を除いてほぐし、ザーサイとさっとまぜる。
2　手に水、塩をつけ、ごはんに1を詰めてにぎる。

ツナのピカタおにぎり

材料（2個分）
あたたかいごはん … 茶わん1杯分（150g）
ツナ缶 … 大さじ1
A｜とき卵 … 1個分
　｜粉チーズ … 大さじ1/2
　｜パセリ（みじん切り） … 大さじ1/2
塩 … 少々
オリーブ油 … 小さじ1

作り方
1　ごはんにツナを加えてまぜる。手に水、塩をつけ、円盤形ににぎる。
2　フライパンにオリーブ油を中火で熱し、まぜ合わせたAをおにぎりにからめて焼く。卵が固まってきたら上下を返し、残りのAをからめながら焼く。

カラフルで小さな簡単おかずカタログ

おべんとうを彩る7色の小さなおかずが132品もそろいました。食材は1つか2つあればOK。おべんとうの1人分だから少量あれば大丈夫。家にある食材で作れるおかずが見つかります。見た目の色合いでバランスをとることで、栄養バランスのよいおべんとうが完成！

赤のおかず ➡ p.24〜

緑のおかず ➡ p.28〜

黄色のおかず ➡ p.32〜

紫のおかず ➡ p.36〜

白のおかず ➡ p.38〜

茶・黒のおかず ➡ p.42〜

7色の食材について

赤、緑、黄、紫、白、茶、黒の7つの色別に小さなおかずを紹介します。
冷蔵庫にある材料で、足りないおかずの色を手軽にプラスできます。
自然と栄養バランスのとれたおべんとうに仕上がります。

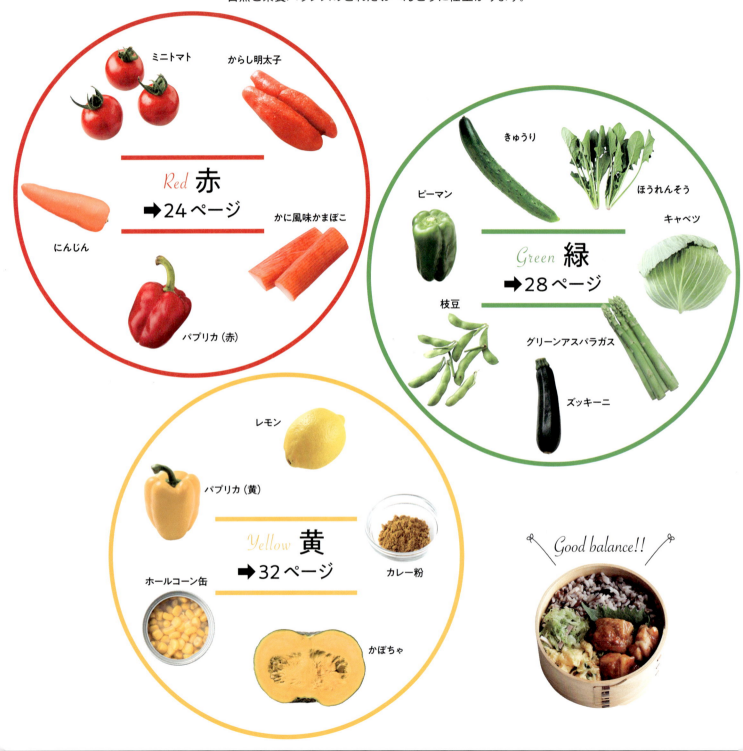

Red 赤のおかず

にんじんのナッツサラダ

材料（1人分）
にんじん … 1/4本（40g）
くるみ（素焼き）… 3個
塩 … 少々
A｜マヨネーズ … 大さじ1/2
　｜塩、こしょう … 各少々

作り方
1 にんじんはせん切りにして塩を振り、さっとまぜて5分ほどおき、水けをぎゅっとしぼる。くるみは手で3～4等分に割る。
2 ボウルににんじん、くるみ、Aを入れてあえる。

にんじんとレーズンのレンジ煮

材料（1人分）
にんじん … 1/4本（40g）
レーズン … 大さじ1/2
A｜水 … 大さじ1
　｜砂糖 … 小さじ2
　｜塩 … 少々

作り方
1 にんじんは7～8mm厚さの輪切りにする。
2 耐熱ボウルにAをまぜ、にんじん、レーズンを入れてからめる。ふんわりとラップをかけ、電子レンジで2分30秒ほど加熱する。冷ましながら味をなじませる。

ミニトマトのマリネ

材料（1人分）
ミニトマト … 3個
玉ねぎ（みじん切り）… 小さじ1
A｜オリーブ油 … 小さじ1
　｜酢 … 小さじ1/2
　｜塩、こしょう … 各少々

作り方
1 ミニトマトはへたをとり、表面に3カ所ほど浅く切り込みを入れる。
2 ボウルに玉ねぎ、Aをまぜ合わせ、ミニトマトを加えてあえる。

にんじんなめたけ煮

材料（1人分）
にんじん … 1/4本（40g）
なめたけ … 大さじ1
A｜水 … 1/3カップ
　｜めんつゆ（3倍濃縮タイプ）… 小さじ2
　｜砂糖 … 小さじ1/2

作り方
1 にんじんは5mm厚さのいちょう切りにする。
2 小なべにAをまぜて中火で煮立て、にんじん、なめたけを加え、にんじんがやわらかくなるまで、弱めの中火で5分ほど煮る。

にんじんとツナのきんぴら

材料（1人分）
にんじん … 1/4本（40g）
ツナ缶 … 1/4缶（20g）
A｜酒、しょうゆ、みりん … 各小さじ1/2
　｜砂糖 … 少々
ごま油 … 少々
七味とうがらし … 少々

作り方
1 にんじんは薄い半月切りにし、ツナは缶汁をきる。
2 フライパンにごま油を中火で熱し、にんじんをいためる。しんなりとしたらツナを加えていため合わせ、Aを加え、汁けがなくなるまでいため、七味とうがらしを振る。

焼きピーマンのしょうがポン酢漬け

材料（1人分）
赤ピーマン … 小1個
A｜しょうが（せん切り）… 1/4かけ
　｜ポン酢しょうゆ … 大さじ1/2
サラダ油 … 少々

作り方
1 赤ピーマンは縦4等分に切って種、わたをとる。
2 フライパンにサラダ油を中火で熱し、ピーマンを焼き、こんがりとしたら返し、ふたをして、しんなりとするまで弱火で2～3分蒸し焼きにする。熱いうちにまぜ合わせたAに漬ける。

パプリカと油揚げのレンジ煮びたし

材料（1人分）
パプリカ（赤）… 1/3個（正味40g）
油揚げ … 1/4枚
A ┌ だし … 1/3カップ
  │ しょうゆ、みりん … 各小さじ2
  └ 塩 … 少々

作り方
1 パプリカは縦に薄切りにし、油揚げは1cm幅に切ってキッチンペーパーではさんで油をとる。
2 耐熱ボウルにAをまぜ、パプリカ、油揚げを入れる。ふんわりとラップをかけて電子レンジで2分ほど加熱する。冷ましながら味をなじませる。

パプリカピーナッツきんぴら

材料（1人分）
パプリカ（赤）… 1/3個（正味40g）
ピーナッツ … 大さじ1
A ┌ しょうゆ、砂糖、酒 … 各小さじ1
  └ 赤とうがらし（小口切り）… 1/4本
ごま油 … 小さじ1

作り方
1 パプリカは横半分に切ってから縦に細切りにする。ピーナッツはあらく刻む。
2 フライパンにごま油を中火で熱し、パプリカをいためる。しんなりとしたら、ピーナッツ、まぜ合わせたAを加え、照りが出るまでいためる。

うずらのチリソース

材料（1人分）
うずら卵の水煮 … 5個
A ┌ ねぎ（みじん切り）… 大さじ1
  │ 豆板醤 … 小さじ1/4
  │ 水、トマトケチャップ … 各小さじ2
  │ 砂糖 … 小さじ1/2
  └ ごま油 … 少々

作り方
フライパンにAをまぜ、中火にかけて煮立てる。うずらの卵を加えて煮からめる。

鮭フレークポテサラ

材料（1人分）
じゃがいも … 小1/2個（50g）
鮭フレーク … 大さじ1
マヨネーズ … 大さじ1/2

作り方
1 じゃがいもはラップに包み、電子レンジで1分30秒～2分加熱する。皮をむき、つぶす。
2 鮭フレーク、マヨネーズを加え、あえる。

にんじんとハムのマリネ

材料（1人分）
にんじん … 1/4本（40g）
ロースハム … 1枚
A ┌ オリーブ油 … 小さじ2
  │ レモン汁 … 小さじ1/4
  │ 塩 … ひとつまみ
  └ こしょう … 少々

作り方
1 にんじんはピーラーで短めに薄切りにする。ハムは横半分に切って縦に細切りにする。
2 ボウルにAをまぜ、にんじんを加えてしんなりとするまで軽くもむ。ハムを加えてさっとあえる。

ミニトマトのベーコン巻き

材料（1人分）
ミニトマト … 2個
ベーコン … 1枚
サラダ油 … 少々

作り方
1 ベーコンは細長く半分に切り、ミニトマトに巻いてつまようじでとめる。
2 フライパンにサラダ油を中火で熱してさっと焼く。

Red 赤のおかず

大根の梅ごまあえ

材料（1人分）
大根 … 60g
塩 … 少々
A ┃ 梅肉 … 小さじ1/2
  ┃ ごま油 … 小さじ1
  ┃ いり白ごま … 小さじ1/3

作り方
1 大根は薄いいちょう切りにして塩を振り、さっとまぜて5分ほどおいて水けをぎゅっとしぼる。
2 ボウルにAをまぜ、大根、ごまを加えてあえる。

しらたきの明太いため

材料（1人分）
しらたき（下処理ずみ）… 50g
からし明太子 … 大さじ1
ごま油 … 少々

作り方
1 しらたきはざく切りにする。
2 フライパンにしらたきを入れてからいりし、水けがとんだらごま油を加えていためる。全体に油が回ったら、からし明太子を加えて弱火にし、色が変わるまでいためる。

かにかまと大根のコチュジャン煮

材料（1人分）
かに風味かまぼこ … 3本
大根 … 50g
A ┃ 砂糖 … 小さじ2
  ┃ コチュジャン、しょうゆ、水 … 各小さじ1
ごま油 … 少々

作り方
1 大根は短冊切りにし、かにかまはあらくほぐす。
2 フライパンにごま油を中火で熱し、大根をいためる。透き通ったらかに風味かまぼこ、まぜたAを加え、汁けがなくなるまでさっといためる。

ツナと豆のトマト煮

材料（1人分）
ミックスビーンズ … 30g
ツナ缶 … 大さじ1
ミニトマト … 4個
A ┃ オリーブ油 … 少々
  ┃ 水 … 大さじ3
  ┃ トマトケチャップ … 小さじ2
  ┃ 塩、こしょう … 各少々

作り方
1 ミニトマトは縦半分に切る。
2 フライパンにAをまぜて中火で煮立てる。ミックスビーンズ、ツナ、ミニトマトを入れて弱めの中火にし、トマトがつぶれて汁けがからむまで5分ほど煮る。

パプリカとザーサイの中華いため

材料（1人分）
パプリカ（赤）… 1/4個（40g）
味つきザーサイ … 大さじ1（15g）
ごま油、こしょう … 各少々

作り方
1 パプリカは横半分に切ってから、縦に細切りにする。ザーサイはせん切りにする。
2 フライパンにごま油を中火で熱し、パプリカ、ザーサイを入れてしんなりするまでいため、こしょうで味をととのえる。

かにかま揚げ

材料（1人分）
かに風味かまぼこ … 5本
とき卵 … 適量
小麦粉、かたくり粉 … 各小さじ2
揚げ油 … 適量

作り方
1 かにかまはとき卵にくぐらせ、小麦粉とかたくり粉をまぜた衣をしっかりとまぶす。
2 フライパンに揚げ油を深さ1cmほど注いで170度に熱し、かにかまを入れ、返しながら3分ほど揚げる。

パプリカとソーセージのケチャップいため

材料(1人分)
パプリカ(赤) … 1/3個(正味40g)
ウインナソーセージ … 2本
A │ トマトケチャップ … 小さじ2
　│ 塩、こしょう … 各少々
オリーブ油 … 少々

作り方
1 パプリカは2cm角、ウインナは斜め薄切りにする。
2 フライパンにオリーブ油を中火で熱し、パプリカ、ウインナをいためる。焼き色がついてきたらAを加え、さっといためる。

ミニトマトのおかかチーズあえ

材料(1人分)
ミニトマト … 3個
プロセスチーズ … 1個
削り節 … ひとつまみ
A │ しょうゆ … 少々
　│ オリーブ油 … 小さじ1

作り方
1 ミニトマトは縦半分、チーズは1cm角に切る。
2 ボウルに1、削り節、Aを入れてあえる。

ミニトマトとツナのごまマヨあえ

材料(1人分)
ミニトマト … 3個
ツナ缶 … 大さじ1
A │ マヨネーズ … 小さじ2
　│ すり白ごま … 小さじ1/2
　│ 塩、こしょう … 各少々

作り方
1 ミニトマトは縦半分に切る。
2 ボウルにAをまぜ、ミニトマト、ツナを加えてあえる。

かにかまとセロリの中華あえ

材料(1人分)
かに風味かまぼこ … 2本
セロリ … 1/5本(20g)
ねぎ(みじん切り) … 小さじ1
A │ ごま油 … 小さじ1
　│ しょうゆ、こしょう … 各少々

作り方
1 かにかまはほぐす。セロリは斜め薄切りにする。
2 かにかま、セロリ、ねぎにまぜ合わせたAを加えてあえる。

じゃがいもとベーコンのチリいため

材料(1人分)
じゃがいも … 1/2個(80g)
ベーコン … 1/2枚
A │ トマトケチャップ … 小さじ2
　│ タバスコ、チリパウダー … 各適量
オリーブ油 … 少々

作り方
1 じゃがいもは1cm厚さの半月切り、ベーコンは細切りにする。
2 フライパンにオリーブ油を中火で熱し、じゃがいもを両面2分ずつ焼く。ベーコンを加えてさっといため、まぜたAを加えてさっといためる。

ナポリタンサラダ

材料(1人分)
スパゲッティ(早ゆでタイプ) … 20g
ベーコン … 1/2枚
A │ トマトケチャップ … 大さじ1/2
　│ オリーブ油 … 小さじ1/2
　│ 塩、こしょう … 各少々
パセリ … 適量

作り方
1 ベーコンは細切りにする。なべに湯を沸かして塩少々(分量外)を加え、スパゲッティを袋の表示どおりにゆでる。ゆで上がる直前にベーコンを加え、ざるに上げて水けをきる。
2 ボウルにAをまぜ、1を加えてあえ、パセリを添える。

Green 緑のおかず

アスパラのペペロンいため

材料（1人分）
グリーンアスパラガス … 2本（40g）
にんにく（みじん切り） … 少々
赤とうがらし（小口切り） … 少々
塩、こしょう … 各少々
オリーブ油 … 少々

作り方
1 アスパラは根元のかたい部分をピーラーでむき、斜め切りにする。
2 フライパンにオリーブ油、にんにくを入れて中火にかける。香りが立ったらアスパラ、赤とうがらしを加えていためる。塩、こしょうで味をととのえる。

ズッキーニのオリーブオイル焼き

材料（1人分）
ズッキーニ … 1/3本（50g）
塩、あらびき黒こしょう … 各少々
パプリカパウダー … 少々
オリーブ油 … 小さじ1/2

作り方
1 ズッキーニは6〜7mm厚さの輪切りにする。
2 フライパンにオリーブ油を中火で熱し、ズッキーニを入れて両面をこんがりと焼く。塩、黒こしょう、パプリカパウダーを振る。

アスパラベーコンロール

材料（1人分）
グリーンアスパラガス … 2本（40g）
ベーコン … 1枚
サラダ油 … 少々

作り方
1 アスパラは根元のかたい部分をピーラーでむき、1本を3等分に切る。ベーコンは半分に切り、アスパラを3切れずつ巻く。
2 フライパンにサラダ油を中火で熱し、1の巻き終わりを下にして並べ入れる。巻き終わりがくっついたら、ときどき返しながら焼き上げ、食べやすく切る。

絹さやグラッセ

材料（1人分）
絹さや … 7枚
A｜水 … 1/4カップ
　｜砂糖 … 小さじ1
　｜バター、塩、こしょう … 各少々
あらびき黒こしょう … 少々

作り方
1 絹さやは筋をとる。
2 小なべにAを煮立たせ、絹さやを入れて1分ほど煮て火を止め、煮汁の中で冷ます。黒こしょうを振る。

ししとうのしょうがじょうゆいため

材料（1人分）
ししとうがらし … 4本（20g）
しょうが（せん切り） … 1/3かけ
A｜酒 … 小さじ1
　｜しょうゆ … 小さじ1/2
　｜砂糖 … 少々
サラダ油 … 少々

作り方
1 ししとうは包丁の先で切り込みを入れる。
2 フライパンにサラダ油を中火で熱し、ししとうを焼きつける。しんなりとしたらしょうが、まぜ合わせたAを加えてさっといためる。

きゅうりの昆布ポン酢漬け

材料（1人分）
きゅうり … 1/3本（30g）
昆布のつくだ煮 … 小さじ1
ポン酢しょうゆ … 小さじ1/2

作り方
1 きゅうりは小口切りにして、塩少々（分量外）を振って軽くまぜ、水けが出たらしぼる。
2 きゅうりに昆布のつくだ煮、ポン酢しょうゆをからめてなじませる。

小松菜とお揚げのさっと煮

材料（1人分）
小松菜 … 1/4束（50g）
油揚げ … 1/4枚
A｜削り節 … 1/2袋（1.5g）
　｜だし … 1/4カップ
　｜しょうゆ、砂糖 … 各小さじ1

作り方
1. 小松菜は4cm長さに切る。油揚げは横半分に切って5mm幅に切る。
2. 小なべにAを煮立て、小松菜、油揚げを加え、中火で4～5分を目安にさっと煮る。

ブロッコリーポテサラ

材料（1人分）
じゃがいも … 1/2個（60g）
ブロッコリー … 3房
A｜マヨネーズ … 大さじ1
　｜酢 … 小さじ1/2
　｜塩、こしょう … 各少々

作り方
1. じゃがいもは皮つきのままラップで包み、電子レンジで1分30秒～2分加熱する。皮をむいてボウルに入れ、つぶす。
2. ブロッコリーはこまかく刻んでボウルに入れ、ラップをふんわりとかけ、電子レンジで30秒ほど加熱する。
3. じゃがいも、ブロッコリーをAであえる。

キャベツとハムの
レモンコールスロー

材料（1人分）
キャベツ … 2枚（100g）
ロースハム … 1枚
塩 … 小さじ1/3
A｜オリーブ油 … 小さじ2
　｜レモン汁 … 小さじ1/2

作り方
1. キャベツは太い軸を除いて短めのせん切り、ハムは横半分に切って縦に薄切りにする。
2. キャベツに塩を振ってもみ込み、ぎゅっと水けをしぼる。A、ハムを加えてあえる。

ハムきゅうロール

材料（1人分）
きゅうり … 1/3本（30g）
ロースハム … 1枚
青じそ … 1と1/2枚

作り方
1. きゅうりはピーラーで薄く3枚切る。ハムは3等分に切る。青じそ1枚は半分に切る。
2. きゅうりにハム、青じそをのせ、手前からくるくると巻き、巻き終わりを下にしてなじませる。

ほうれんそうとコーンの
バターソテー

材料（1人分）
ほうれんそう … 1/4束（50g）
バター … 5g
ホールコーン缶 … 大さじ1
塩、こしょう … 各少々

作り方
1. ほうれんそうは4cm長さに切る。
2. フライパンにバターを中火で熱し、ほうれんそうをいためる。しんなりとしてきたら缶汁をきったコーンを加えていため合わせ、塩、こしょうで味をととのえる。

キャベツとベーコンの
マスタードいため

材料（1人分）
キャベツ … 1枚（50g）
ベーコン … 1枚
A｜オリーブ油 … 小さじ1
　｜粒マスタード … 小さじ1/2
　｜塩、こしょう … 各少々

作り方
1. キャベツは一口大に、ベーコンは5mm幅に切る。
2. 耐熱ボウルにキャベツ、ベーコンを入れ、ふんわりとラップをかけて電子レンジで2分ほど加熱する。Aを加え、さっくりとまぜ合わせる。

Green 緑のおかず

そら豆のクリームチーズあえ

材料（1人分）
そら豆（冷凍）… 8個
クリームチーズ … 10g
牛乳 … 少々

作り方
1 そら豆は熱湯でゆでて、薄皮をむく。
2 クリームチーズは電子レンジで15秒ほど加熱してやわらかくし、牛乳でのばす。
3 そら豆を2であえる。

セロリのうま塩いため

材料（1人分）
セロリ … 1/2本（50g）
セロリの葉 … 10g
A ┃ 赤とうがらし（小口切り）… 少々
　┃ 酒 … 小さじ1
　┃ 鶏ガラスープのもと … 小さじ1/2
　┃ 塩、こしょう … 各少々
ごま油 … 少々

作り方
1 セロリは斜め薄切りにし、葉はざく切りにする。
2 フライパンにごま油を中火で熱し、セロリ、葉をいためる。しんなりとしたらまぜ合わせたAを加えてさっといためる。

いんげんのじゃこ煮

材料（1人分）
さやいんげん … 4本（20g）
A ┃ 水 … 1/4カップ
　┃ めんつゆ（3倍濃縮タイプ）… 大さじ1
　┃ 砂糖 … 少々
ちりめんじゃこ … 大さじ1

作り方
1 いんげんは3cm長さに切る。
2 小なべにAを煮立て、いんげん、じゃこを加え、3分ほど煮る。冷ましながら味をしみ込ませる。

めんつゆを使えば味つけ簡単♪

ゴーヤーのおかかチャンプルー

材料（1人分）
ゴーヤー … 1/6本（40g）
A ┃ 削り節 … 1/2袋（1.5g）
　┃ 酒 … 大さじ1/2
　┃ 鶏ガラスープのもと、しょうゆ、塩、こしょう … 各少々
サラダ油 … 少々

作り方
1 ゴーヤーは縦半分に切って種とわたをとり、5mm厚さに切る。塩少々（分量外）を振ってひとまぜしたら5分ほどおき、水けをきる。
2 フライパンにサラダ油を中火で熱し、ゴーヤーをいため、しんなりとしたらまぜ合わせたAを加えていためる。

豆苗とツナのしょうが塩いため

材料（1人分）
豆苗 … 1/4束（25g）
ツナ缶 … 大さじ1
しょうが（せん切り）… 1/3かけ
塩、こしょう … 各少々
サラダ油 … 小さじ1

作り方
1 豆苗は根を切り落とし、長さを半分に切る。ツナは缶汁をきる。
2 フライパンにサラダ油を中火で熱し、豆苗、しょうが、ツナをいためる。しんなりとしたら、塩、こしょうで味をととのえる。

のり巻きほうれんそう

材料（1人分）
ほうれんそう … 1/4束（50g）
焼きのり … 1/2枚
A ┃ ポン酢しょうゆ … 小さじ1
　┃ ねりがらし … 小さじ1/4
いり白ごま … 少々

作り方
1 ほうれんそうは塩少々（分量外）を加えた熱湯でさっとゆでる。冷水にとり、水けをしっかりしぼる。まぜ合わせたAを加えてあえる。
2 1をのりの幅に合わせて切って横向きにのせ、手前から巻き、巻き終わりに水を塗ってとめる。食べやすく切り、ごまを振る。

いんげんのみそマヨあえ

材料（1人分）
さやいんげん … 4本（20g）
A | すり白ごま … 小さじ1
　| みそ … 小さじ1/4
　| マヨネーズ … 大さじ1/2

作り方
1 いんげんは塩少々（分量外）を加えた熱湯で2分ほどゆでる。水けをきって冷まし、3cm長さに切る。
2 ボウルにAをまぜ合わせ、いんげんを加えてさっとあえる。

ピーマンと油揚げのレンジ煮びたし

材料（1人分）
ピーマン … 1個
油揚げ … 1/4枚
A | だし … 1/3カップ
　| しょうゆ … 小さじ2
　| みりん … 大さじ1/2
　| 塩 … 少々

作り方
1 ピーマンは縦1cm幅に切る。油揚げは横半分に切ってから細切りにする。
2 直径12cmほどの耐熱ボウルにAをまぜ合わせ、ピーマン、油揚げを加える。ふんわりとラップをかけ、電子レンジで3分ほど加熱する。

ピーマンのごま中華あえ

材料（1人分）
ピーマン … 2個
塩 … ひとつまみ
ごま油、いり白ごま … 各小さじ1

作り方
1 ピーマンは縦に細切りにする。塩を振ってもみ、水けをしぼる。
2 ごま油、ごまを加えてあえる。

焼き枝豆

材料（1人分）
枝豆（冷凍）… 6さや

作り方
枝豆は冷凍のままフライパンに入れ、中火で解凍しながら水分をとばし、こんがりと焼き色をつける。

枝豆を焼くと甘みがアップします！

チンゲンサイとメンマのごま酢あえ

材料（1人分）
チンゲンサイ … 小1/2株（60g）
味つきメンマ … 大さじ1
A | しょうが（すりおろし）… 小さじ1/3
　| 酢 … 小さじ1
　| 砂糖 … 小さじ1/2
　| 塩、ごま油 … 各少々

作り方
1 チンゲンサイは塩少々（分量外）を加えた熱湯でさっとゆで、冷水にとって冷ます。水けをきり、食べやすく切る。
2 ボウルにAをまぜ合わせ、チンゲンサイ、メンマを加えてさっとあえる。

キャベツハムチーズロール

材料（1人分）
キャベツ … 大1枚（60g）
ロースハム … 1枚
スライスチーズ … 1枚

作り方
1 キャベツは軸を除いて半分に切る。耐熱皿にのせてラップをふんわりとかけ、電子レンジで1分加熱する。冷水にとって冷まし、水けをふく。
2 キャベツを重ね、チーズ、ハムをのせて手前から巻き、食べやすく切る。

Yellow 黄のおかず

はんぺんのコーンマヨ焼き

材料（1人分）
ホールコーン缶 … 大さじ1
マヨネーズ … 小さじ2/3
はんぺん … 1/4枚（20g）

作り方
1 コーンは缶汁をきり、マヨネーズとまぜ合わせる。はんぺんは半分に切る。
2 オーブントースターのトレーにアルミホイルを敷いてはんぺんを並べ、コーンをのせて5分ほど焼く。

カップツナマヨコーン焼き

材料（1人分）
ホールコーン缶 … 大さじ3
ツナ缶 … 大さじ1
マヨネーズ … 適量

作り方
1 コーン、ツナ、マヨネーズ大さじ1/2をまぜる。
2 アルミカップに入れ、マヨネーズ少々をかける。オーブントースターで軽く焼き色がつくまで7分ほど焼く。

たくあんともやしのごまいため

材料（1人分）
たくあん（細切り） … 大さじ2（20g）
もやし … 1/5袋（40g）
塩、こしょう … 各少々
ごま油 … 少々
いり白ごま … 少々

作り方
1 もやしはできればひげ根をとる。
2 フライパンにごま油を中火で熱し、もやし、たくあんをさっといため、塩、こしょうで調味する。ごまを振る。

パプリカのみそしょうがいため

材料（1人分）
パプリカ（黄） … 1/3個（40g）
A ｜ みそ、みりん … 各小さじ1
　 ｜ しょうが（すりおろし） … 1/4かけ
サラダ油 … 少々

作り方
1 パプリカは縦に細切りにする。
2 フライパンにサラダ油を中火で熱し、パプリカをいためる。しんなりとしたらまぜ合わせたAを加えていためる。

パプリカマカロニサラダ

材料（1人分）
パプリカ（黄） … 1/4個（30g）
マカロニ（早ゆでタイプ） … 15g
塩 … 少々
A ｜ マヨネーズ … 小さじ2
　 ｜ 塩 … ひとつまみ
　 ｜ こしょう … 少々

作り方
1 パプリカは横半分、縦に細切りにして塩を振ってざっとまぜ、2～3分おいて水けをしぼる。マカロニは袋の表示どおりにゆで、冷水にとって冷ます。
2 パプリカ、マカロニ、Aをあえる。

カップスフレキッシュ

材料（1人分）
とき卵 … 1/2個分
グリンピース（冷凍） … 大さじ1/2
A ｜ マヨネーズ … 大さじ1/2
　 ｜ 塩、こしょう … 各少々

作り方
1 グリンピースは熱湯を回しかけて解凍し、とき卵、Aとまぜ合わせる。
2 直径5～6cmの厚手のアルミカップに流し入れ、予熱したオーブントースターで7～8分焼く。途中で焼き色が濃くなってきたら、アルミホイルをかぶせる。

ヤングコーンのおひたし

材料（1人分）
ヤングコーン … 4本
削り節 … 少々
A｜ だし … 大さじ2
　｜ 薄口しょうゆ、塩 … 各少々

作り方
1 ヤングコーンは斜め半分に切る。
2 耐熱の器にAを入れてまぜ合わせ、ヤングコーンを入れてふんわりとラップをかけ、電子レンジで1分ほど加熱する。削り節を加え、冷ましながら味をしみ込ませる。

うずらのチーズ目玉焼き

材料（1人分）
うずら卵 … 2個
塩、あらびき黒こしょう … 各少々
粉チーズ … ひとつまみ
サラダ油 … 少々

作り方
1 フライパンにサラダ油を中火で熱し、うずらの卵2個をくっつけて割り入れる。
2 白身の部分に塩、黒こしょう、粉チーズを振り、黄身に火が通るまで焼く。

かぼちゃのみそマヨサラダ

材料（1人分）
かぼちゃ … 60g
A｜ みそ … 小さじ1/2
　｜ マヨネーズ … 小さじ1
すり白ごま … 適量

作り方
1 かぼちゃは小さめの一口大に切る。耐熱皿に皮面を下にしてのせてふんわりとラップをかけ、電子レンジで1分30秒ほど加熱し、冷ます。
2 ボウルにAをまぜ、かぼちゃを加えてあえ、ごまを振る。

さつまいものはちみつレモン煮

材料（1人分）
さつまいも（細めのもの）… 5cm（50g）
レモン（いちょう切り）… 3切れ
A｜ はちみつ … 小さじ1
　｜ 砂糖 … 大さじ1/2
　｜ 水 … 大さじ1

作り方
1 さつまいもは皮つきのままよく洗い、7〜8mm厚さの輪切りにし、水にさっとくぐらせる。
2 耐熱ボウルにさつまいも、レモンを入れ、Aをかけてまぜる。ふんわりとラップをかけ、電子レンジで1分ほど加熱する。煮汁をからめ、冷ましながら味をなじませる。

ささっと大学いも

材料（1人分）
さつまいも … 1/5本（60g）
いり黒ごま … 少々
A｜ 砂糖 … 小さじ2
　｜ しょうゆ … 少々
サラダ油 … 少々

作り方
1 さつまいもは6〜7mm角の棒状に切り、5分ほど水にさらして水けをきる。
2 フライパンにサラダ油を中火で熱し、さつまいもをいためる。2分ほどいため、竹ぐしがスーッと通るようになったら、Aを順にからめ、ごまを加えてさっといためる。

カリフラワーの
カレーマスタードあえ

材料（1人分）
カリフラワー … 3房（50g）
A｜ マヨネーズ … 大さじ1/2
　｜ フレンチマスタード … 小さじ1/2
　｜ カレー粉 … 少々

作り方
1 カリフラワーは半分に切り、酢少々（分量外）を加えた熱湯で3分ほどゆで、水けをきる。
2 ボウルにAをまぜ合わせ、カリフラワーをあえる。

Yellow 黄のおかず

かぼちゃの蒸し煮

材料（1人分）
かぼちゃ … 50g
A ┃ 水 … 大さじ2
　┃ 砂糖 … 大さじ1/2
　┃ しょうゆ … 小さじ1/2
サラダ油 … 少々

作り方
1. かぼちゃは1cm角に切る。
2. フライパンにサラダ油を中火で熱し、かぼちゃをいためる。表面がつややかになったらまぜ合わせたAを加え、ふたをして3分ほど蒸し煮にする。

小さく切ると煮上がるのもスピーディー

はちみつレモン漬け

材料（1人分）
レモン（国産） … 1/4個
はちみつ … 小さじ1
砂糖 … 小さじ1/2

作り方
1. レモンは皮をよく洗って薄いいちょう切りにする。
2. バットにレモンを広げ、はちみつ、砂糖をかけ、5分ほどおく。

とうもろこしのカレー酢漬け

材料（1人分）
とうもろこし … 2cm
A ┃ 水 … 大さじ1
　┃ 酢、砂糖 … 各大さじ1/2
　┃ カレー粉、塩 … 各少々

作り方
1. とうもろこしは半月切りにする。
2. 耐熱皿にAをまぜ合わせ、とうもろこしの実の面を下にして入れ、ふんわりとラップをかけて電子レンジで1分ほど加熱する。冷ましながら味をしみ込ませる。

かぼちゃのチーズグリル

材料（1人分）
かぼちゃ … 40g
粉チーズ … 小さじ1/2
塩 … 少々
オリーブ油 … 小さじ1
パセリ（みじん切り） … 少々

作り方
1. かぼちゃは3〜4cm長さ、5〜6mm厚さのくし形切りにする。
2. オーブントースターのトレーにアルミホイルを敷いてかぼちゃを並べ、オリーブ油をかけて、粉チーズ、塩を振る。予熱したオーブントースターで6〜7分焼き、パセリを振る。

パプリカのレンジピクルス

材料（1人分）
パプリカ（黄） … 1/4個（30g）
ローリエ … 小1枚
A ┃ 水 … 大さじ1
　┃ 酢、砂糖 … 各大さじ1/2
　┃ 塩 … 少々

作り方
1. パプリカは小さめの一口大に切る。
2. 耐熱の器にAをまぜ、ローリエ、パプリカを入れてふんわりとラップをかける。電子レンジで1分ほど加熱し、冷ましながら味をなじませる。

コーンとかぼちゃの茶巾包み

材料（1人分）
ホールコーン缶 … 大さじ1
かぼちゃ … 60g
A ┃ 牛乳 … 少々
　┃ 塩、こしょう … 各少々

作り方
1. かぼちゃはラップで包み、電子レンジで2分ほど加熱し、皮から実をすくいとる。ボウルに入れ、A、缶汁をきったコーンをまぜ合わせる。
2. ラップに1をのせ、茶巾に包む。

ミニトマトとカッテージチーズのサラダ

材料（1人分）
ミニトマト（黄）… 3個
A｜ カッテージチーズ … 大さじ2
　｜ オリーブ油 … 小さじ2
　｜ 塩 … 少々
あらびき黒こしょう … 少々

作り方
1 ミニトマトはへたをとり、半分に切る。
2 ボウルにミニトマト、Aを入れてあえる。黒こしょうを振る。

ペッパーカレーポテト

材料（1人分）
じゃがいも … 1/2個（60g）
A｜ カレー粉、塩 … 各ふたつまみ
　｜ こしょう … 少々
オリーブ油 … 少々
あらびき黒こしょう … 少々

作り方
1 じゃがいもは5〜6mm角の棒状に切ってさっと水にさらして水けをきる。
2 フライパンにオリーブ油を中火で熱し、じゃがいもをいためる。3分ほどいためて透き通ったらAを加えていためる。黒こしょうを振る。

ヤングコーンとベーコンのソテー

材料（1人分）
ヤングコーン（水煮）… 4本
ベーコン … 1/2枚
塩、こしょう … 各少々
オリーブ油 … 少々

作り方
1 ヤングコーンは半分に切る。ベーコンは細切りにする。
2 フライパンにオリーブ油を中火で熱し、ヤングコーンをいためる。こんがりとしたらベーコン、塩、こしょうを加えてさっといためる。

ちくわとコーンのバターいため

材料（1人分）
ちくわ … 1本
ホールコーン缶 … 大さじ3
バター … 5g
塩、こしょう … 各少々

作り方
1 ちくわは小口切りにする。コーンは缶汁をきる。
2 フライパンにバターを中火で熱し、ちくわ、コーンをさっといため、塩、こしょうで味をととのえる。

かまぼこハーブピカタ

材料（1人分）
かまぼこ … 3切れ
A｜ とき卵 … 1/2個分
　｜ 粉チーズ、パセリ（みじん切り）… 各小さじ1
サラダ油 … 少々

作り方
1 Aはまぜる。
2 フライパンにサラダ油を中火で熱し、かまぼこをAにくぐらせて並べる。卵が固まったら返してさっと焼く。もう一度Aにくぐらせ、同様に焼く。

かぼちゃのナッツサラダ

材料（1人分）
かぼちゃ … 60g
アーモンド … 5粒
A｜ マヨネーズ … 小さじ1
　｜ はちみつ … 小さじ1/2
　｜ 塩、こしょう … 各少々

作り方
1 かぼちゃはラップで包み、電子レンジで2分ほど加熱し、皮から実をすくいとる。ボウルに入れてあらくつぶす。アーモンドはあらく刻む。
2 ボウルにAをまぜ、かぼちゃ、アーモンドを入れてあえる。

Purple 紫のおかず

さつまいもとチーズのマスタードサラダ

材料（1人分）
さつまいも … 1/5本（60g）
プロセスチーズ … 20g
A │ オリーブ油 … 小さじ2
　│ 粒マスタード … 小さじ1/2
　│ 塩 … 少々

作り方
1 さつまいもは1.5cm角に切って水にさっとさらし、水けをきる。耐熱皿に重ならないように広げ入れ、ふんわりとラップをかけ、電子レンジで1分30秒ほど加熱して冷ます。プロセスチーズも同様に切る。
2 ボウルにAをまぜ、1を加えてあえる。

ラディッシュのナムル

材料（1人分）
ラディッシュ … 3個（30g）
塩 … ひとつまみ
ごま油 … 少々

作り方
1 ラディッシュは薄い輪切りにし、塩を振ってざっとまぜ、2〜3分おいてもみ、水けをしぼる。
2 ごま油を加えてあえる。好みでいり白ごまをあえても。

しば漬けポテサラ

材料（1人分）
じゃがいも … 小1/2個（50g）
しば漬け … 大さじ1
マヨネーズ … 大さじ1

作り方
1 じゃがいもはラップに包み、電子レンジで1分30秒ほど加熱する。皮をむいてつぶし、冷ます。
2 しば漬けはあらみじんに切る。じゃがいも、マヨネーズとあえ、全体にうっすらと色づくまでまぜる。

さつまいもとアーモンドのソテー

材料（1人分）
さつまいも … 1/5本（60g）
アーモンド … 5粒
塩、こしょう … 各少々
オリーブ油 … 少々

作り方
1 さつまいもは1cm厚さのいちょう切りにしてさっと水にさらし、水けをきる。
2 フライパンにオリーブ油を中火で熱し、1を並べる。2分ほど焼いてこんがりとしたら返し、ふたをして弱火で4分ほど蒸し焼きにする。アーモンド、塩、こしょうを加えてさっといためる。

レッドキドニーのオニオンマリネ

材料（1人分）
レッドキドニービーンズ（水煮）… 40g
玉ねぎ（みじん切り）… 大さじ1
A │ オリーブ油 … 大さじ1
　│ 酢 … 小さじ1
　│ 塩 … ひとつまみ
　│ こしょう … 少々

作り方
ボウルにA、玉ねぎをまぜ、レッドキドニービーンズを加えてあえ、なじませる。

紫玉ねぎのレンジピクルス

材料（1人分）
紫玉ねぎ … 1/8個（20g）
A │ 水 … 大さじ2
　│ 酢、砂糖 … 各大さじ1
　│ 塩 … 少々

作り方
1 紫玉ねぎは1cm厚さのくし形切りにする。
2 耐熱の器にAをまぜ、紫玉ねぎを入れてふんわりとラップをかける。電子レンジで1分ほど加熱し、冷ましながら味をなじませる。

ゆかり大根

材料（1人分）
大根 … 50g
ゆかり … 小さじ1

作り方
大根は薄いいちょう切りにする。ボウルに入れてゆかりを振ってざっとまぜる。2～3分おいてもみ、水けをしぼる。

紫キャベツのマリネ

材料（1人分）
紫キャベツ … 2～3枚（100g）
塩 … 小さじ1/3
A｜オリーブ油 … 小さじ2
　｜レモン汁 … 小さじ1
　｜塩 … 少々

作り方
1 紫キャベツは太い軸を除いて短めのせん切りにする。ボウルに入れて塩を振ってもみ、水けをしぼる。
2 Aとあえる。

ビーツクリームチーズ

材料（1人分）
ビーツ缶 … 60g
クリームチーズ（室温にもどす） … 15g
塩、こしょう … 各少々

作り方
1 ビーツは缶汁をきっていちょう切りにする。
2 クリームチーズ、塩、こしょうとあえる。

みょうがの甘酢漬け

材料（1人分）
みょうが … 1個
A｜酢、砂糖 … 各小さじ2
　｜塩 … 少々

作り方
1 みょうがは縦半分に切る。
2 耐熱の器にAをまぜ、みょうがを入れてふんわりとラップをかけ、電子レンジで30秒ほど加熱し、冷ましながら味をなじませる。

さつまいものマーマレード煮

材料（1人分）
さつまいも … 1/5本（60g）
A｜水 … 大さじ3
　｜オレンジマーマレード … 大さじ2
　｜砂糖 … 大さじ1

作り方
1 さつまいもは2～3cmの小さめの乱切りにしてさっと水にさらし、水けをきる。
2 耐熱の器にAをまぜ、さつまいもを入れてからめる。ふんわりとラップをかけ、電子レンジで2分30秒ほど加熱する。冷ましながら味をなじませる。

ビーツ色のゆで卵

材料（1人分）
ゆで卵 … 1個
A｜ビーツ缶の缶汁 … 大さじ1
　｜酢、砂糖 … 各大さじ1
　｜塩 … 小さじ1/3

作り方
ポリ袋にAをまぜ、ゆで卵の殻をむいて入れ、30分ほどつける。

White 白のおかず

クリームマカロニ

材料（1人分）
マカロニ（早ゆでタイプ）… 20g
ツナ缶 … 小さじ1
ホワイトソース缶 … 大さじ1
粉チーズ、塩、こしょう … 各少々

作り方
1 なべに湯を沸かして塩少々（分量外）を加え、マカロニを袋の表示どおりにゆでる。水けをしっかりきり、ボウルに入れる。
2 ツナ、ホワイトソース、塩、こしょうを加えてまぜ、粉チーズを振る。

切り干し大根とツナのからしマヨ

材料（1人分）
切り干し大根 … 10g
ツナ缶 … 大さじ1
A｜マヨネーズ … 小さじ2
　｜ねりがらし、しょうゆ、塩 … 各少々
万能ねぎ（小口切り）… 適量

作り方
1 切り干し大根はたっぷりの水でもどし、水けをしぼる。
2 ボウルにAをまぜ、切り干し大根、缶汁をきったツナを加えてあえる。万能ねぎをのせる。

白菜とハムの中華クリーム煮

材料（1人分）
白菜 … 1/2枚（50g）
ロースハム … 1枚
牛乳 … 大さじ2
塩、こしょう … 各少々
かたくり粉 … 少々
ごま油 … 適量

作り方
1 白菜は軸と葉に分け、軸は一口大のそぎ切りに、葉は一口大に切る。ハムはいちょう切りにする。
2 フライパンにごま油少々を中火で熱し、白菜の軸、葉、ハムの順にさっといためる。牛乳、塩、こしょうを加える。倍量の水でといたかたくり粉でとろみをつけ、ごま油少々で香りをつける。

じゃがいもとひよこ豆のサラダ

材料（1人分）
じゃがいも … 小1/2個（50g）
ひよこ豆（ドライパック）… 大さじ1（15g）
玉ねぎ（みじん切り）… 小さじ1
A｜オリーブ油 … 小さじ1
　｜酢 … 小さじ1/2
　｜塩、黒こしょう … 各少々

作り方
1 じゃがいもは皮つきのままラップに包み、電子レンジで1分30秒〜2分加熱し、皮をむいて1cm角に切る。
2 ボウルに玉ねぎ、Aをまぜ合わせ、じゃがいも、ひよこ豆を加え、よくまぜる。

大根のいためナムル

材料（1人分）
大根 … 50g
大根の葉 … 2cm
A｜すり白ごま … 小さじ1/2
　｜塩、こしょう … 各少々
ごま油 … 小さじ1

作り方
1 大根は6〜7mm角、4cm長さの棒状に切る。葉は薄い小口切りにする。
2 フライパンにごま油を中火で熱して大根と葉をいため、しんなりとしたらAで調味する。

切り干し大根の中華サラダ

材料（1人分）
切り干し大根 … 5g
チャーシュー … 1枚（15g）
ねぎ（みじん切り）… 小さじ1
A｜ごま油 … 小さじ1
　｜塩、こしょう … 各少々

作り方
1 切り干し大根はたっぷりの水でもどし、水けをしぼる。チャーシューは3〜4mm幅の細切りにする。
2 ねぎとAをまぜ合わせ、切り干し大根、チャーシューを加え、あえる。

白菜の軸のピリ辛漬け

材料（1人分）
白菜の軸 … 1/2枚分（25g）
A ┃ 赤とうがらし（小口切り） … 少々
　┃ 水 … 大さじ1
　┃ 鶏ガラスープのもと、ごま油、塩、こしょう
　┃ 　　… 各少々

作り方
1 白菜の軸は7〜8mm角の棒状に切る。塩少々（分量外）を振ってひとまぜしたら5分ほどおき、水けをしぼる。
2 ボウルにAをまぜ合わせ、白菜の軸をあえて漬け込む。

かぶのガーリックレモンバターソテー

材料（1人分）
かぶ … 小1/2個（40g）
レモン（薄いいちょう切り） … 3切れ
にんにく（薄切り） … 3切れ
バター … 5g
塩 … ひとつまみ

作り方
1 かぶは葉を切り落とし、薄い半月切りにする。
2 フライパンにバターを中火で熱し、にんにく、かぶをいためる。透き通ってきたらレモン、塩を加えてさっといためる。

大根とベーコンのペッパーいため

材料（1人分）
大根 … 50g
ベーコン … 1枚
塩、あらびき黒こしょう … 各少々
オリーブ油 … 少々

作り方
1 大根は5mm厚さのいちょう切り、ベーコンは細切りにする。
2 フライパンにオリーブ油を中火で熱し、大根を焼きつける。こんがりとしたらベーコン、塩、黒こしょうを加えてさっといためる。

れんこんと玉ねぎのさっぱりサラダ

材料（1人分）
れんこん … 50g
玉ねぎ … 1/8個
A ┃ オリーブ油 … 小さじ1
　┃ レモン汁 … 小さじ1/2
　┃ 塩、こしょう … 各少々

作り方
1 れんこんは薄いいちょう切りにする。なべに湯を沸かしてれんこんをさっとゆで、水けをきる。玉ねぎは横半分に切ってから縦に薄切りにし、水にさらし、水けをきる。
2 ボウルにAを入れてまぜ、れんこん、玉ねぎを加えてあえる。

かぶとツナのさっと中華煮

材料（1人分）
かぶ … 1/2個（40g）
ツナ缶 … 1/3缶（約25g）
A ┃ 水 … 1/4カップ
　┃ 鶏ガラスープのもと、塩、こしょう … 各少々
ごま油 … 少々

作り方
1 かぶは茎を1cmほど残して切り落とし、皮をむいて3等分のくし形切りにする。ツナは缶汁をきる。
2 小なべにAを煮立て、かぶ、ツナを加える。ふたをして弱めの中火で6分ほど蒸し煮にし、仕上げにごま油を加えて香りをつける。

里いものあっさり煮

材料（1人分）
里いも … 小3個（90g）
A ┃ だし … 3/4カップ
　┃ 酒、みりん … 各大さじ1/2
　┃ 砂糖 … 小さじ1
　┃ 塩 … 小さじ1/4
すり白ごま … 少々

作り方
1 里いもは皮をむき、塩少々（分量外）をこすりつけて洗う。
2 小なべにAを煮立て、里いもを加える。落としぶたをして7分ほど煮て、煮汁の中で冷ます。ごまを振る。

White 白のおかず

チーズポテト

材料（1人分）
じゃがいも … 小1/2個（50g）
塩、こしょう … 各少々
粉チーズ … 小さじ1と1/2
パセリ（みじん切り） … 少々

作り方
1. じゃがいもは5〜6mm厚さの半月切りにする。
2. なべにじゃがいもとひたひたの水を入れ、強火にかける。煮立ったら弱めの中火にして3分30秒ほどゆで、ざるに上げて湯をきる。
3. じゃがいもを2のなべに戻し入れて、塩、こしょうを振って、弱火にかけながらなべを揺すって粉ふきにする。粉チーズ、パセリを振る。

かぶのピリ辛塩もみ

材料（1人分）
かぶ … 1/2個（50g）
かぶの葉 … 10g
塩 … 小さじ1/2
赤とうがらし（小口切り）… 少々

作り方
1. かぶは葉を切り落とし、根は薄いいちょう切り、葉は小口切りにする。赤とうがらしとともにボウルに入れて塩を振り、ざっとまぜて5分ほどおく。
2. ぎゅっと水けをしぼる。

セロリとほたてのレンジいため

材料（1人分）
セロリ … 1/3本
ほたて貝柱缶 … 大さじ1
ごま油 … 少々
塩、こしょう … 各少々

作り方
1. セロリは斜め薄切りにする。
2. 耐熱ボウルにセロリ、ほたてを入れ、ごま油、塩、こしょうを振る。ふんわりとラップをかけて電子レンジで40秒ほど加熱し、さっとまぜる。

白菜とほたてのゆずこしょうサラダ

材料（1人分）
白菜 … 1/2枚（50g）
ほたて貝柱缶 … 1/4缶（約18g）
A｜マヨネーズ … 小さじ1
　｜ゆずこしょう … 少々
万能ねぎ（小口切り）… 少々

作り方
1. 白菜は軸と葉に分け、軸は7〜8mm角の棒状に、葉は一口大に切る。塩少々（分量外）を振ってひとまぜしたら5分ほどおき、水けをしぼる。
2. ボウルにAをまぜ合わせ、白菜、缶汁をきったほたてを加え、まぜ合わせる。万能ねぎを散らす。

ひらひらかまぼこのごま中華あえ

材料（1人分）
かまぼこ … 30g
A｜いり白ごま … 小さじ1
　｜ごま油 … 小さじ1/2
　｜塩、こしょう … 各少々

作り方
1. かまぼこはごく薄く切る。
2. ボウルにAをまぜ合わせ、かまぼこをさっとあえる。

かまぼこが
いつもと違う
食感に！

大根の魚肉ソーセージロール

材料（1人分）
大根 … 15g
魚肉ソーセージ … 3/4本
ねりがらし … 少々

作り方
1. 大根はピーラーで薄く切る。魚肉ソーセージは3等分に切る。
2. ソーセージに大根を巻きつけ、ピックでとめ、ねりがらしをのせる。

はんぺんフライ

材料（1人分）
はんぺん … 1/3枚（30g）
A │ 小麦粉 … 大さじ1/2
　│ 水 … 小さじ2
パン粉 … 適量
揚げ油 … 適量

作り方
1 はんぺんは、まぜ合わせたAをからめ、パン粉をまぶす。
2 フライパンに深さ1cmほど揚げ油を注ぎ、170度に熱する。1を入れて1分30秒ほど、きつね色に揚げて油をきる。食べやすく切り、好みでねりがらしを添える。

マッシュポテト

材料（1人分）
じゃがいも … 1/2個（70g）
A │ クリームチーズ … 15g
　│ 牛乳 … 大さじ1
　│ にんにく（すりおろし）… 少々
　│ 塩、こしょう … 各少々

作り方
1 じゃがいもはラップで包み、電子レンジで2分ほど加熱する。
2 じゃがいもの皮をむいてボウルに入れてつぶし、Aを加えてよくまぜる。

カリフラワーのハーブマリネ

材料（1人分）
カリフラワー … 小5房（70g）
タイム … 適量
A │ オリーブ油 … 大さじ1
　│ レモン汁 … 小さじ1/2
　│ 塩、こしょう … 各少々

作り方
1 カリフラワーは耐熱皿にのせてふんわりとラップをかけ、電子レンジで1分20秒ほど加熱する。
2 ボウルにAとちぎったタイム、カリフラワーを入れて漬ける。

かにかまの大根ロール

材料（1人分）
大根 … 15g
かに風味かまぼこ … 2本
塩 … 少々

作り方
1 大根はピーラーで3cm幅、10〜12cm長さのものを2切れ用意し、塩を振る。2〜3分おいて、しんなりとしたら水けをふく。かにかまは長さを半分に切り、あらくほぐす。
2 大根を重ね、かにかまを手前にのせて巻き、食べやすく切る。

かまぼこサンド

材料（1人分）
かまぼこ … 3切れ
リーフレタス … 小1枚

作り方
1 かまぼこは中央に切り込みを入れる。リーフレタスは3等分にちぎる。
2 かまぼこの切り込みにリーフレタスをはさむ。

花れんこんの甘酢漬け

材料（1人分）
れんこん … 30g
A │ 水 … 1/4カップ
　│ 砂糖 … 大さじ1
　│ 酢 … 小さじ1
　│ 塩 … 少々

作り方
1 れんこんは花れんこんに飾り切りし、5mm厚さの輪切りにする。
2 小なべにAを煮立て、れんこんを入れて2〜3分煮て、煮汁の中で冷ます。

| Brown | Black | # 茶・黒のおかず

しいたけとねぎのオイスターいため

材料（1人分）
しいたけ … 2個
ねぎ … 1/5本
A┃ 酒 … 大さじ1/2
 ┃ オイスターソース … 小さじ1
 ┃ こしょう … 少々
ごま油 … 少々

作り方
1 しいたけは薄切りに、ねぎは斜め薄切りにする。
2 フライパンにごま油を中火で熱し、しいたけを焼きつける。こんがりとしてきたら、ねぎを加えていため合わせ、まぜ合わせたAを加えてさっといためる。

しいたけのマヨ照り焼き

材料（1人分）
しいたけ … 2個
マヨネーズ … 小さじ1
A┃ 酒 … 大さじ1/2
 ┃ しょうゆ、砂糖 … 各小さじ1/2
いり黒ごま … 少々

作り方
1 しいたけは半分に切る。
2 フライパンにマヨネーズを中火で熱し、しいたけを焼きつける。こんがりとしてきたら、まぜ合わせたAで調味する。ごまを振る。

こんにゃくのしょうが焼き

材料（1人分）
こんにゃく（下処理ずみ）… 1/4枚（50g）
A┃ しょうが（すりおろし）… 小さじ1/3
 ┃ 酒、しょうゆ … 各小さじ1
 ┃ みりん … 小さじ1/2
 ┃ 砂糖 … 小さじ1/4
サラダ油 … 少々
万能ねぎ（小口切り）… 少々

作り方
1 こんにゃくは端から薄切りにし、表面に格子状に浅く切り目を入れる。
2 フライパンにサラダ油を中火で熱し、こんにゃくを両面焼き、焼き色がついたらまぜ合わせたAを加えてからめる。万能ねぎを振る。

ごぼうとツナの焼き肉風味

材料（1人分）
ごぼう … 30g
ツナ缶 … 1/4缶（20g）
焼き肉のたれ（市販品）… 大さじ1/2
サラダ油 … 少々

作り方
1 ごぼうはささがきにして5分ほど水にさらして水けをきる。ツナは缶汁をきる。
2 フライパンにサラダ油を中火で熱し、ごぼうをいためる。しんなりとしたらツナ、焼き肉のたれを加えてさっといためる。

エリンギとヤングコーンの
バターじょうゆ焼き

材料（1人分）
エリンギ … 小1本
ヤングコーン … 2本
バター … 5g
しょうゆ … 少々

作り方
1 エリンギは笠から2cmのところで切り分け、笠の部分は縦に薄切りに、軸は6〜7mm厚さの輪切りにする。ヤングコーンは小口切りにする。
2 フライパンにバターを中火で熱し、エリンギ、ヤングコーンをいため、しょうゆで調味する。

ひじきとしらたきの甘みそ煮

材料（1人分）
芽ひじき（乾燥）… 3g
しらたき（下処理ずみ）… 20g
A┃ だし … 1/4カップ
 ┃ みそ … 小さじ2/3
 ┃ 砂糖 … 小さじ1/4
 ┃ しょうゆ … 少々

作り方
1 ひじきはもどす。
2 小なべにAを煮立たせ、ひじき、しらたきを加え、落としぶたをして汁けがほぼなくなるまで煮る。

エリンギとザーサイのピリ辛いため

材料（1人分）
エリンギ … 小1本
味つきザーサイ … 大さじ1
豆板醤 … 少々
A｜ 酒 … 大さじ1/2
　　しょうゆ、砂糖 … 各少々
ごま油 … 少々

作り方
1 エリンギは長さを半分に切ってから、縦4等分に裂く。ザーサイはせん切りにする。
2 フライパンにごま油、豆板醤を入れて中火にかける。エリンギ、ザーサイをいため、Aで調味する。

ちくわのかば焼き

材料（1人分）
ちくわ … 1本
かたくり粉 … 小さじ1/2
A｜ しょうゆ、みりん、砂糖 … 各小さじ1
いり白ごま、一味とうがらし … 各適量
サラダ油 … 少々

作り方
1 ちくわは縦に切り込みを入れて開き、内側に浅い切り目を数本入れて平らにし、横半分に切る。かたくり粉を茶こしを通して振る。
2 フライパンにサラダ油を中火で熱し、ちくわを両面こんがりとするまで焼く。まぜたAを照りよくからめ、ごま、とうがらしを振る。

こんにゃくのおかか煮

材料（1人分）
こんにゃく（下処理ずみ）… 1/6枚（30g）
A｜ 水 … 1/3カップ
　　めんつゆ（3倍濃縮タイプ）… 大さじ1
　　砂糖 … 小さじ1/4
削り節 … 1/2袋（1.5g）

作り方
1 こんにゃくは端から5mm厚さに3枚切る。中央に切り込みを入れ、手綱にする。
2 小なべにA、こんにゃくを入れて煮立て、削り節を加え、弱めの中火で7分ほど煮る。煮汁の中で冷ましながら、味をしみ込ませる。

ちりめんごぼうつくだ煮

材料（1人分）
ごぼう … 30g
ちりめんじゃこ … 大さじ1
A｜ だし … 1/2カップ
　　酒 … 大さじ1
　　しょうゆ … 大さじ1/2
　　砂糖 … 小さじ1

作り方
1 ごぼうは斜め薄切りにして水にさらし、水けをきる。
2 小なべにA、ごぼう、じゃこを入れて強火にかける。煮立ったら弱めの中火にして、汁けがほぼなくなるまで煮る。

ひじきとれんこんのピリ辛サラダ

材料（1人分）
芽ひじき（乾燥）… 3g
れんこん … 15g
A｜ ごま油 … 小さじ1
　　コチュジャン … 小さじ1/2
　　しょうゆ … 小さじ1/3
　　砂糖、こしょう … 各少々

作り方
1 ひじきはもどし、熱湯でさっとゆでる。れんこんは薄い半月切りにして、さっとゆでる。
2 ボウルにAをまぜ合わせ、ひじき、れんこんを加えてあえる。

糸こんにゃくとウインナの
ケチャップいため

材料（1人分）
糸こんにゃく … 30g
ウインナソーセージ … 1/2本
にんにく（みじん切り）… 少々
トマトケチャップ … 小さじ1
オリーブ油 … 少々

作り方
1 糸こんにゃくは食べやすい長さに切る。ウインナは縦に細切りにする。
2 フライパンにオリーブ油、にんにくを中火で熱し、香りが立ったらウインナ、糸こんにゃくをいためる。ケチャップで調味する。

| Brown | Black | # 茶・黒のおかず

油揚げの梅チーサンド

材料（1人分）
油揚げ … 1/2枚
梅肉 … 小さじ1/2
スライスチーズ … 1枚

作り方
1 油揚げは菜箸を転がしてほぐし、袋状に開く。
2 油揚げの袋の中にスライスチーズ、梅肉をはさむ。
3 フライパンを中火で熱し、2の両面をこんがり焼く。食べやすい大きさに切る。

こんがりと焼いて食感サクサク♥

厚揚げのいそべ焼き

材料（1人分）
厚揚げ … 1/4枚（50g）
焼きのり … 1/4枚
しょうゆ … 少々
サラダ油 … 少々

作り方
1 厚揚げは薄切りにする。のりは厚揚げよりやや細い幅に切り、厚揚げに1切れずつ巻き、巻き終わりを水でとめる。
2 フライパンにサラダ油を中火で熱し、1を並べてこんがり焼き、しょうゆをからめる。

ひじきポテト焼き

材料（1人分）
芽ひじき（乾燥）… 2g
じゃがいも … 小1/2個（50g）
A ┌ マヨネーズ … 大さじ1/2
  └ 粒マスタード、塩、こしょう … 各少々
小麦粉 … 少々
中濃ソース … 適量
サラダ油 … 少々

作り方
1 ひじきはもどし、さっとゆでる。じゃがいもは皮つきのまま電子レンジで1分30秒〜2分加熱し、皮をむいてつぶす。じゃがいもにA、ひじきをまぜ合わせ、小判形にして小麦粉をまぶす。
2 フライパンにサラダ油を中火で熱し、1の両面をこんがりと焼く。ソースをかける。

里いもの黒ごまあえ

材料（1人分）
里いも … 1個（60g）
A ┌ みりん、砂糖、すり黒ごま … 各小さじ1
  └ みそ … 小さじ1/2

作り方
1 里いもはよく洗い、皮つきのままラップで包み、電子レンジで2分ほど加熱する。
2 里いもの皮をむき、小さめの一口大に切ってまぜ合わせたAをからめる。

オリーブフライ

材料（1人分）
ブラックオリーブ（種なし）… 5個
A ┌ 小麦粉 … 小さじ1
  └ 水 … 小さじ1強
パン粉 … 適量
揚げ油 … 適量

作り方
1 オリーブにまぜ合わせたAをからめ、パン粉をまぶす。
2 フライパンに揚げ油を深さ1cmほど注ぎ、170度に熱する。1を入れて、きつね色にさっと揚げて油をきる。

じゃがいもとコンビーフのソースいため

材料（1人分）
じゃがいも … 1/2個（60g）
コンビーフ … 大さじ1
中濃ソース … 小さじ2
サラダ油 … 少々

作り方
1 じゃがいもは7〜8mm角の棒状に切る。コンビーフはほぐす。
2 フライパンにサラダ油を中火で熱し、じゃがいもを3分ほどいためる。透き通ってきたらコンビーフを加えていため、しんなりとしたらソースを加えてまぜる。

うずら卵のジャムソース漬け

材料（1人分）
うずら卵の水煮 … 3個
A ｜ ウスターソース、オレンジマーマレード … 各大さじ1

作り方
1. 耐熱の器にAを入れてまぜ合わせ、電子レンジで30秒ほどあたためる。
2. うずらの卵を加え、キッチンペーパーをかぶせて、そのまま15分ほどおき、冷ましながら味をしみ込ませる。

ひじきオニオンサラダ

材料（1人分）
芽ひじき（乾燥）… 大さじ1と1/2
紫玉ねぎ … 1/8個
A ｜ オリーブ油、ポン酢しょうゆ … 各小さじ2
　｜ 塩 … ひとつまみ

作り方
1. 芽ひじきはたっぷりの水に15分ほどひたしてもどし、水けをきる。熱湯でさっとゆでて冷ます。紫玉ねぎは横半分に切り、縦に薄切りにする。
2. ボウルにAをまぜ、1を加えてあえる。

切り干し大根と塩昆布の
ポン酢いため

材料（1人分）
切り干し大根 … 5g
塩昆布 … 5g
ポン酢しょうゆ … 小さじ1/3
ごま油 … 少々

作り方
1. 切り干し大根はたっぷりの水でもどす。
2. フライパンにごま油を中火で熱し、水けをしぼった切り干し大根、塩昆布を加えていためる。ポン酢しょうゆで調味する。

しいたけとにんじんのいため煮

材料（1人分）
しいたけ … 2個
にんじん … 1/10本（15g）
A ｜ だし … 1/4カップ
　｜ しょうゆ … 小さじ1
　｜ 砂糖 … 小さじ1/2
サラダ油 … 少々

作り方
1. しいたけは4等分に、にんじんは薄いいちょう切りにする。
2. フライパンにサラダ油を中火で熱し、しいたけ、にんじんをいためる。しんなりとしたらAを加え、煮汁がなくなるまで弱めの中火でいため煮にする。

大豆と昆布の煮物

材料（1人分）
大豆（水煮）… 30g
昆布 … 4g
A ｜ しょうゆ … 小さじ1
　｜ 砂糖 … 小さじ1/2

作り方
1. 昆布は水でもどし、もどし汁1/3カップとAをまぜ合わせて煮汁にする。昆布は1cm角に切る。
2. 小なべに煮汁を煮立たせ、大豆、昆布を加え、弱めの中火で7分ほど煮て、冷ましながら味をしみ込ませる。

ちくわのおかか揚げ玉煮

材料（1人分）
ちくわ … 小1本
A ｜ だし … 1/3カップ
　｜ しょうゆ、砂糖 … 各小さじ2/3
削り節 … 大さじ1
揚げ玉 … 大さじ2
青のり … 少々

作り方
1. ちくわは斜め切りにする。
2. 小なべにAを煮立て、ちくわ、削り節を加えて3分ほど煮る。揚げ玉を加え、煮含める。青のりを振る。

Column 2　まぜごはん＆ふりかけカタログ

まぜごはん

しば漬けとじゃこのまぜごはん

材料（1人分）
あたたかいごはん … 茶わん1杯分（150g）
しば漬け … 大さじ1
ちりめんじゃこ … 大さじ1
青のり … 大さじ1/2

作り方
1. しば漬けはあらく刻む。
2. ごはんにしば漬け、じゃこ、青のりを加えてまぜる。

さくらえびと揚げ玉のまぜごはん

材料（1人分）
あたたかいごはん … 茶わん1杯分（150g）
さくらえび … 大さじ1
揚げ玉 … 大さじ2
万能ねぎ（小口切り）… 2本分
めんつゆ（3倍濃縮タイプ）… 大さじ1

作り方
ごはんにめんつゆをかけてまぜ、さくらえび、揚げ玉、万能ねぎを加えてまぜる。

カレーコーンまぜごはん

材料（1人分）
あたたかいごはん … 茶わん1杯分（150g）
ホールコーン缶 … 大さじ3
カレー粉 … 大さじ1/2
塩 … 少々
パセリ（みじん切り）… 大さじ1/2

作り方
ごはんにカレー粉、塩、パセリ、コーンを加えてまぜる。

ナッツ＆チーズのゆかりまぜごはん

材料（1人分）
あたたかいごはん … 茶わん1杯分（150g）
ミックスナッツ … 大さじ2
プロセスチーズ … 20g
ゆかり … 小さじ1/2

作り方
1. ミックスナッツはあらく刻む。プロセスチーズは6～7mm角に切る。
2. ごはんにナッツ、チーズ、ゆかりを加えてまぜる。

白いごはんにちょっと飽きたら、まぜごはんの出番。漬け物、じゃこ、さくらえび、ナッツ、コーンなどをまぜ込むだけ。
冷蔵庫にある食材で作れる、「おかず感のあるふりかけ」も常備しておくと便利です。

ふりかけ

大根葉と油揚げのしっとりふりかけ

材料（作りやすい分量）
大根の葉 … 100g
油揚げ … 1枚
A｜ 酒 … 大さじ2
　｜ しょうゆ、砂糖 … 各大さじ1
ごま油 … 大さじ1/2

作り方
1 大根の葉は熱湯で30秒ほどゆで、冷水にとって水けをしぼり、小口切りにする。油揚げは長い辺を3等分に切ってから縦6～7mm幅に切る。
2 フライパンにごま油を中火で熱して油揚げを焼きつけ、こんがりとしたら大根の葉を加えてさっといためる。全体に油が回ったらAを加え、汁けがなくなるまでいためる。

【保存期間】冷蔵で2～3日。

たらこと卵のふりかけ

材料（作りやすい分量）
たらこ … 1腹(70g)
卵 … 2個
A｜ 砂糖 … 大さじ1/2
　｜ みりん … 小さじ1
サラダ油 … 大さじ1/2

作り方
1 たらこは薄皮を除いてほぐし、耐熱ボウルに入れる。ふんわりとラップをかけて電子レンジで1分ほど加熱し、ひとまぜしてさらに30秒ほど加熱する。
2 卵は割りほぐし、Aをまぜる。
3 フライパンにサラダ油を中火で熱し、卵液を流し入れ、菜箸でほぐしながらいためる。こまかくなったらたらこを加え、全体がパラパラになるまで3～4分いる。

【保存期間】冷蔵で2～3日。

鮭とおかかのふりかけ

材料（作りやすい分量）
削り節 … 2袋(10g)
鮭フレーク … 大さじ3
いり白ごま … 大さじ1
A｜ しょうゆ … 小さじ1
　｜ 砂糖 … 小さじ1/2

作り方
1 フライパンに削り節、Aを入れてまぜ、弱火で熱し、サラサラになるまで2～3分いる。
2 鮭フレーク、ごまを加えてさっといる。

【保存期間】冷蔵で1週間。

セロリとじゃこのつくだ煮

材料（作りやすい分量）
セロリ … 1本
セロリの葉 … 1本分
ちりめんじゃこ … 大さじ3
A｜ 酒 … 大さじ2
　｜ 砂糖 … 大さじ1
　｜ しょうゆ … 大さじ1と1/2
サラダ油 … 大さじ1/2

作り方
1 セロリは筋を除いて1cm角に切り、葉はあらみじんに切る。
2 フライパンにサラダ油を中火で熱し、セロリ、じゃこを3分ほどいためる。セロリがしんなりとしたら、葉を加えてさっといためる。葉がしんなりとしたらAを加え、汁けがなくなるまでいためる。

【保存期間】冷蔵で1週間。

\\ Fish //

\\ Meet //

\\ Seafood //

Chapter 2

肉・魚介のおべんとうの
主役おかず

ランチタイムが待ち遠しくなる、肉や魚介のお
かず88品をご紹介します。レシピは、おべん
とうサイズの1人分、作り方がとにかくシンプ
ルですから、小さめの調理道具を使えば、忙
しい朝でもパパッとおいしく作れます。今日の
おべんとうのメインを決めて。

豚肉のおかず ➡ p.50〜

鶏肉のおかず ➡ p.56〜

牛肉のおかず ➡ p.60〜

ひき肉のおかず ➡ p.62〜

魚のおかず ➡ p.66〜

えび、いかのおかず ➡ p.70〜

Pork | 豚肉

豚肉のくるくるのり照り焼き

材料(1人分)
豚ロース薄切り肉 … 3枚(60g)
焼きのり … 1/6枚
塩、こしょう、小麦粉 … 各少々
サラダ油 … 少々
A│酒、しょうゆ、みりん … 各小さじ1
　│砂糖 … 少々

作り方
1. のりは豚肉よりひと回り小さいサイズに3枚切る。豚肉に塩、こしょうを振り、のり1枚をのせ、手前からくるくる巻いて小麦粉を薄くまぶす。
2. フライパンにサラダ油を中火で熱し、豚肉の巻き終わりを下にして焼く。巻き終わりがくっついたら、返しながら2〜3分焼く。
3. フライパンの油をふきとり、まぜ合わせたAを加えて照りよくからめ、半分に切る。

豚肉のハニーみそ漬け

材料(1人分)
豚ロース肉(とんカツ用) … 小1枚(80g)
A│みそ … 大さじ1と1/2
　│はちみつ … 小さじ2
サラダ油 … 少々

作り方
1. 豚肉は筋を切り、まぜ合わせたAを塗ってラップで包み、30分ほどおく。
2. 豚肉のたれを軽くこそげる。フライパンにサラダ油を弱めの中火で熱し、1分30秒ほど焼いたら返し、ふたをして3分ほど蒸し焼きにする。食べやすく切って好みで青じそを添える。

豚肉のカレーいため

材料(1人分)
豚こまぎれ肉 … 60g
塩、こしょう、カレー粉 … 各ひとつまみ
玉ねぎ … 1/8個
オリーブ油 … 少々

作り方
1. 豚肉は塩、こしょう、カレー粉を振る。玉ねぎは横に1cm厚さに切る。
2. フライパンにオリーブ油を中火で熱し、豚肉、玉ねぎをいためる。好みでイタリアンパセリを添える。

豚肉の山椒じょうゆソテー

材料(1人分)
豚ロース薄切り肉 … 4枚(80g)
かたくり粉 … 小さじ1/3
A│しょうゆ、みりん … 各小さじ2
サラダ油 … 少々
粉山椒 … 適量

作り方
1. 豚肉は茶こしを通してかたくり粉を振る。
2. フライパンにサラダ油を中火で熱し、豚肉を入れる。肉の色が変わるまで両面を焼いたら、まぜ合わせたAをからめる。粉山椒を振る。

豚のから揚げ

材料（1人分）
- 豚もも薄切り肉 … 3枚（60g）
- A
  - しょうゆ、しょうがのしぼり汁 … 各小さじ2
- かたくり粉、揚げ油 … 各適量
- レモン（くし形切り）… 1切れ

作り方
1. 豚肉はまぜ合わせたAをもみ込み、室温に10分おく。汁けをきって長さを3〜4等分に折りたたみ、かたくり粉をしっかりとまぶす。
2. フライパンに揚げ油を深さ5mmほど注いで170度に熱し、1を入れ、返しながら3〜4分揚げる。油をきってレモンを添える。

豚バラ卵いため

材料（1人分）
- 豚バラ薄切り肉 … 2枚（40g）
- 玉ねぎ … 1/8個
- 卵 … 1個
- 塩、こしょう … 各適量
- しょうゆ … 少々
- サラダ油 … 少々

作り方
1. 豚肉は5cm幅に切って塩、こしょう各少々を振る。玉ねぎは1cm厚さのくし形切り、卵は割りほぐして塩、こしょう各少々をまぜる。
2. フライパンにサラダ油を中火で熱し、豚肉、玉ねぎを入れ、肉の色が変わるまでいため、フライパンの端に寄せる。あいたところに卵液を加えてさっといため、しょうゆを加えていため合わせる。

豚こまのダブルしょうが焼き

材料（1人分）
- 豚こまぎれ肉 … 60g
- 玉ねぎ … 1/8個
- 小麦粉 … 少々
- A
  - しょうが（すりおろし）… 1/3かけ分
  - しょうゆ、酒、みりん … 各小さじ1
  - 砂糖 … 小さじ1/2
- サラダ油 … 少々
- しょうが（すりおろし）… 少々

作り方
1. 豚肉は小麦粉を振る。玉ねぎは横に1cm厚さに切る。Aはまぜ合わせる。
2. フライパンにサラダ油を中火で熱し、豚肉をいためる。肉の色が変わったら玉ねぎを加えていため、玉ねぎがしんなりとしたらAを加えてからめる。しょうがをのせ、好みでサラダ菜を添える。

豚肉のイタリアンカツ

材料（1人分）
- 豚ロース肉（しょうが焼き用）… 2枚（60g）
- 塩、こしょう … 各少々
- パン粉 … 大さじ3
- 粉チーズ … 小さじ1
- パセリ（みじん切り）… 小さじ1
- 小麦粉、とき卵 … 各適量
- 揚げ油 … 適量

作り方
1. 豚肉は塩、こしょうを振る。パン粉に粉チーズ、パセリをまぜる。肉に小麦粉、とき卵、パン粉の順に衣をつける。
2. フライパンに揚げ油を深さ2cmほど注いで170度に熱し、1を2〜3分揚げて油をきり、食べやすく切る。

（薄切り肉なら揚げ時間短縮♪）

豚肉の キムチーズサンドフライ

材料(1人分)
- 豚ロース薄切り肉 … 2枚(40g)
- スライスチーズ … 1/2枚
- 白菜キムチ … 20g
- 塩、こしょう … 各少々
- 小麦粉、とき卵、パン粉 … 各適量
- 揚げ油 … 適量

作り方
1. 豚肉はまないたの上に縦向きにやや重ねて2枚並べ、塩、こしょうを振る。スライスチーズ、白菜キムチをのせて、両端をたたみ、具が出ないように手でなじませる。小麦粉、とき卵、パン粉の順に衣をつける。
2. フライパンに揚げ油を深さ2cmほど注ぎ、1を入れる。ときどき返しながら、3～4分揚げて油をきり、3等分に切る。

ポークビーンズ

材料(1人分)
- 豚ロース肉(とんカツ用) … 1/2枚(50g)
- レッドキドニービーンズ … 25g
- 玉ねぎ … 1/8個
- にんにく(みじん切り) … 1/4かけ
- A
  - トマト缶 … 1/4缶(100g)
  - 洋風スープのもと(顆粒) … 小さじ1/4
  - トマトケチャップ … 小さじ1/2
  - 塩、こしょう … 各少々
- 塩、こしょう … 各少々
- オリーブ油 … 少々

作り方
1. 豚肉は1.5cm角に切り、塩、こしょうを振る。玉ねぎはみじん切りにする。
2. フライパンにオリーブ油とにんにくを入れて中火で熱し、香りが立ったら豚肉を加えていためる。肉の色が変わったら、玉ねぎを加えていためる。しんなりとしたらレッドキドニービーンズとAを加え、5分ほど煮る。

豚こまの梅いため

材料(1人分)
- 豚こまぎれ肉 … 80g
- かたくり粉 … 小さじ1/4
- A
  - 梅肉 … 小さじ1
  - しょうゆ、砂糖 … 各大さじ1/2
- サラダ油 … 少々

作り方
1. 豚肉は茶こしを通してかたくり粉を振る。
2. フライパンにサラダ油を中火で熱し、豚肉をいためる。肉の色が変わったらまぜ合わせたAを加え、さっといためる。

豚バラと切り干し大根の いため煮

材料(1人分)
- 豚バラ薄切り肉 … 2枚(40g)
- 切り干し大根 … 5g
- A
  - だし … 1/4カップ
  - しょうゆ … 小さじ2
  - 酒、みりん … 各小さじ1
  - 砂糖 … 小さじ1/2
- サラダ油 … 少々
- 万能ねぎ(小口切り) … 少々

作り方
1. 豚肉は3cm幅に切る。切り干し大根はたっぷりの水でもどし、水けをしぼる。
2. フライパンにサラダ油を中火で熱し、豚肉をいためる。肉の色が変わったら、切り干し大根を加えてさっといため、全体に油が回ったらAを加える。煮立ったら弱めの中火で3～4分煮る。万能ねぎを散らす。

豚こまとキャベツの塩昆布いため

材料（1人分）
- 豚こまぎれ肉 … 60g
- キャベツ … 大1枚（60g）
- 塩昆布 … ひとつまみ
- A
  - 塩 … 少々
  - みりん … 小さじ2
- サラダ油 … 少々

作り方
1. キャベツは一口大に切る。
2. フライパンにサラダ油を中火で熱し、豚肉をいためる。肉の色が変わったらキャベツを加えていため、しんなりとしたら塩昆布、Aを加えてさっといためる。

パプリカ肉巻き

材料（1人分）
- 豚ロース薄切り肉 … 3枚（60g）
- パプリカ（赤・黄）… 各1/5個
- 塩 … 少々
- 小麦粉 … 適量
- A
  - ポン酢しょうゆ … 大さじ1/2
  - 砂糖 … 小さじ1
- サラダ油 … 少々

作り方
1. パプリカは縦に細切りにする。豚肉に塩を振り、パプリカを等分にのせて手前から巻き、小麦粉を薄くまぶす。
2. フライパンにサラダ油を中火で熱し、豚肉の巻き終わりを下にして焼く。巻き終わりがくっついたら返し、ふたをして弱火で2分ほど蒸し焼きにする。まぜ合わせたAをからめ、半分に切る。

豚肉のとろみ煮

材料（1人分）
- 豚こまぎれ肉 … 50g
- ねぎ … 1/4本
- ししとうがらし … 2本
- A
  - だし … 1/2カップ
  - しょうゆ … 小さじ2
  - 酒、砂糖 … 各小さじ1
- かたくり粉 … 少々

作り方
1. ねぎは斜め切りにする。ししとうは切り込みを入れる。
2. 小なべにAを煮立て、ねぎ、ししとうを加える。しんなりとしたら豚肉にかたくり粉をまぶして加え、弱めの中火でさっと煮る。

ポークチャップ

材料（1人分）
- 豚こまぎれ肉 … 40g
- じゃがいも … 1/2個（70g）
- 玉ねぎ … 1/8個
- A
  - トマトケチャップ … 大さじ1/2
  - ウスターソース … 小さじ1/2
- サラダ油 … 少々

作り方
1. じゃがいも、玉ねぎは1cm厚さのくし形切りにする。
2. フライパンにサラダ油を中火で熱し、じゃがいもを焼く。返しながら竹ぐしがすーっと通るまで3～4分焼く。豚肉を加えていため、肉の色が変わったら、玉ねぎをいためる。玉ねぎがしんなりとしたらAを加えて調味する。

中華ゆで豚

材料（1人分）
豚薄切り肉（しゃぶしゃぶ用）
　… 5枚（50g）
チンゲンサイ … 1/2株（60g）
A ｜ ねぎ（みじん切り）… 小さじ2
　｜ しょうが（みじん切り）… 少々
　｜ しょうゆ、ごま油 … 各小さじ1
　｜ 砂糖 … 少々

作り方
1. チンゲンサイは熱湯に塩少々（分量外）を加えてさっとゆで、冷水にとって冷ます。水けをきり、食べやすく切る。同じ湯で豚肉をゆでて冷ます。
2. チンゲンサイ、豚肉を盛りつけ、まぜ合わせたAをかける。

豚肉ともやしの黒こしょういため

材料（1人分）
豚バラ薄切り肉 … 3枚（60g）
もやし … 1/3袋（70g）
塩、こしょう … 各少々
A ｜ しょうゆ、あらびき黒こしょう
　　　… 各少々
サラダ油 … 少々

作り方
1. 豚肉は4cm幅に切って塩、こしょうを振る。
2. フライパンにサラダ油を中火で熱し、豚肉をいためる。肉の色が変わったらもやしを加えていため、Aを加え、さっといためる。

豚バラとアスパラのくし焼き

材料（1人分）
豚バラ薄切り肉 … 2枚（40g）
グリーンアスパラガス … 1本
焼き肉のたれ（市販品）… 小さじ2
塩、あらびき黒こしょう … 各少々
サラダ油 … 少々

作り方
1. 豚肉は半分に切り、塩、黒こしょうを振る。アスパラは根元のかたい部分をピーラーでむき、6等分に切る。くしにアスパラを刺してから豚肉をじゃばら状に刺し、アスパラ、豚肉、アスパラと交互に刺す。同様にもう1本作る。
2. フライパンにサラダ油を中火で熱し、1を並べ入れ、両面をこんがりと焼く。フライパンの余分な油をふきとり、焼き肉のたれを加えてからめる。

豚肉のコチュジャン煮

材料（1人分）
豚こまぎれ肉 … 60g
しいたけ … 1個
しょうが（せん切り）… 1/3かけ
A ｜ 水 … 1/2カップ
　｜ コチュジャン … 小さじ2
　｜ 砂糖 … 小さじ1/2
　｜ 鶏ガラスープのもと、しょうゆ
　　　… 各少々

作り方
1. しいたけは薄切りにする。
2. 小なべにAを煮立て、豚肉を加える。アクをとり、しいたけ、しょうがを加え、弱めの中火で6〜7分、煮汁がほぼなくなるまで煮る。

豚肉のマスタードマヨソテー

材料（1人分）
- 豚ロース肉（とんかつ用）… 小1枚（80g）
- 塩 … ひとつまみ
- こしょう … 少々
- 小麦粉 … 適量
- A
  - マヨネーズ … 大さじ1/2
  - 粒マスタード、砂糖 … 各小さじ1
- サラダ油 … 少々

作り方
1. 豚肉は筋を切り、塩、こしょうを振って小麦粉を薄くまぶす。
2. フライパンにサラダ油を中火で熱し、豚肉を入れて2分ほど焼く。こんがりとしたら返し、ふたをして1分ほど蒸し焼きにし、まぜたAをからめ、食べやすく切る。

豚バラとかぼちゃの甘みそ蒸し

材料（1人分）
- 豚バラ薄切り肉 … 2枚（40g）
- かぼちゃ … 60g（正味）
- A
  - みそ … 大さじ1/2
  - みりん … 大さじ1
  - 赤とうがらし（小口切り）… 1/4本分

作り方
1. 豚肉は5cm幅に切ってまぜ合わせたAをもみ込む。かぼちゃは1cm厚さのいちょう切りにする。
2. 耐熱皿にかぼちゃを重ならないように広げ入れ、豚肉を重ね入れる。ふんわりとラップをかけ、電子レンジで2分ほど加熱してざっくりとまぜる。

豚肉の南蛮漬け

材料（1人分）
- 豚こまぎれ肉 … 50g
- パプリカ（赤）… 1/8個（20g）
- 玉ねぎ … 1/8個
- A
  - だし … 大さじ1/2
  - 砂糖、しょうゆ … 各小さじ1
  - 酢 … 小さじ1/2
- 塩、こしょう … 各少々
- かたくり粉 … 少々
- 揚げ油 … 適量

作り方
1. 豚肉は塩、こしょうを振り、4等分して平たいだんご状にまとめ、かたくり粉をまぶす。パプリカ、玉ねぎは縦に細切りにする。
2. フライパンに揚げ油を深さ2cmほど注いで170度に熱し、パプリカをさっと揚げ、つづいて豚肉を3分30秒ほど返しながら揚げ、油をきる。まぜ合わせたAに豚肉、パプリカ、玉ねぎをからめ、なじませる。

豚のアスパラ梅のり巻き

材料（1人分）
- 豚もも薄切り肉 … 3枚（60g）
- グリーンアスパラガス … 1本
- 焼きのり（3×10cm）… 3枚
- 梅肉 … 小1個分
- 小麦粉 … 適量
- サラダ油 … 小さじ1

作り方
1. アスパラは根元のかたい部分の皮をピーラーでむき、長さを3等分に切る。
2. 豚肉は広げて梅肉を塗り、のり、手前にアスパラをのせて巻き、小麦粉をまぶす。
3. フライパンにサラダ油を中火で熱し、巻き終わりを下にして並べ入れる。巻き終わりがくっついたら上下を返し、ふたをして弱火で2分ほど焼き、斜め半分に切る。

Chicken | 鶏肉

鶏のふっくらカレーから揚げ

材料（1人分）
鶏もも肉 … 大1/3枚（100g）
A ┃ 酒 … 小さじ1
　┃ カレー粉、フレンチマスタード
　┃ 　… 各小さじ1/2
　┃ 塩、にんにく（すりおろし）、
　┃ 　こしょう … 各少々
とき卵 … 大さじ1
かたくり粉 … 大さじ1
揚げ油 … 適量

作り方
1 鶏肉は余分な脂肪を除き、一口大に切ってボウルに入れる。Aを加えてもみ込み、10分ほどおく。とき卵、かたくり粉を加えてまぜ込む。
2 フライパンに揚げ油を深さ2cmほど注ぎ、170度に熱する。1の衣をからめながら並べ入れる。ときどき返しながら、4分揚げ、強火にして1分ほど揚げ、油をきる。

鶏の塩麹漬け焼き

材料（1人分）
鶏もも肉 … 大1/3枚（100g）
A ┃ 塩麹、酒 … 各小さじ2
サラダ油 … 少々

作り方
1 鶏肉は余分な脂肪を除く。ポリ袋に入れ、Aを加えてもみ込み、一晩漬ける。
2 フライパンにサラダ油を中火で熱し、鶏肉の皮目を下にして2分ほど焼く。こんがりとしたら返し、ふたをして弱火で5分ほど蒸し焼きにする。食べやすく切って、好みで青じそを添える。

スイートチリチキン

材料（1人分）
鶏もも肉 … 大1/3枚（100g）
塩、こしょう、小麦粉 … 各少々
スイートチリソース … 大さじ1
サラダ油 … 少々

作り方
1 鶏肉は余分な脂肪を除き、一口大に切って、塩、こしょうを振り、小麦粉をまぶす。
2 フライパンにサラダ油を中火で熱し、鶏肉の皮目を下にして、3～4分焼く。焼き色がついたら返し、ふたをして2～3分蒸し焼きにする。スイートチリソースをかけ、好みで刻んだパクチーを散らす。

ハニーマスタードチキン

材料（1人分）
鶏もも肉 … 1/4枚（60g）
じゃがいも … 1/2個（70g）
玉ねぎ … 1/8個
A ┃ 粒マスタード … 小さじ1
　┃ はちみつ … 大さじ1
　┃ しょうゆ … 大さじ1/2
塩、こしょう … 各少々
オリーブ油 … 小さじ1
パセリ（みじん切り）… 少々

作り方
1 鶏肉は小さめの一口大に切り、塩、こしょうを振る。じゃがいもは7～8mm厚さの半月切り、玉ねぎは薄切りにする。
2 フライパンにオリーブ油を中火で熱し、じゃがいも、鶏肉を皮目を下にして並べ入れる。2分ほど焼いたら玉ねぎを加え、ふたをして2分ほど蒸し焼きにする。
3 まぜ合わせたAを加えて照りよくいため、パセリを振る。

鶏肉のコチュジャン照り焼き

材料（1人分）
鶏もも肉 … 大1/3枚（100g）
A｜コチュジャン、砂糖 … 各大さじ1/2
 ｜しょうゆ、酢 … 各小さじ1
サラダ油 … 少々

作り方
1. 鶏肉は余分な脂肪を除き、一口大に切る。
2. フライパンにサラダ油を中火で熱し、皮目を下にして入れて3～4分焼く。焼き色がついたら返し、ふたをして弱火で2～3分蒸し焼きにする。余分な油をふきとり、まぜ合わせたAを加えて照りよくからめる。

ハニーバルサミコチキン

材料（1人分）
鶏もも肉 … 大1/3枚（100g）
パプリカ（赤）… 1/4個（30g）
かたくり粉 … 小さじ1/2
A｜バルサミコ酢 … 大さじ1
 ｜しょうゆ、砂糖 … 各大さじ1/2
サラダ油 … 少々

作り方
1. 鶏肉は余分な脂肪を除き、一口大に切って茶こしを通してかたくり粉を振る。パプリカは小さめの一口大に切る。
2. フライパンにサラダ油を中火で熱し、鶏肉の皮目を下にして入れて3～4分焼く。焼き色がついたら返し、パプリカを加え、ふたをして弱火で2～3分蒸し焼きにする。余分な油をふきとり、まぜ合わせたAを加えて照りよくからめる。

スティックのりから揚げ

材料（1人分）
鶏ささ身 … 大1本（70g）
A｜酒 … 小さじ1
 ｜しょうがのしぼり汁 … 小さじ1/3
 ｜塩、こしょう … 各少々
焼きのり … 1/3枚
小麦粉、かたくり粉 … 各大さじ1/2
揚げ油 … 適量

作り方
1. ささ身は筋をとり、6等分のスティック状に切ってボウルに入れる。Aを加えてもみ込み、10分ほどおく。のりは6等分に切る。小麦粉、かたくり粉をまぜ合わせてささ身にまぶし、のりを巻きつけ、巻き終わりは水少々でとめる。
2. フライパンに揚げ油を深さ1cmほど注いで170度に熱し、ときどき返しながら3分30秒ほど揚げ、油をきる。

チキンの中華ケチャップいため

材料（1人分）
鶏もも肉 … 1/3枚（80g）
ねぎ … 1/4本
A｜水 … 大さじ1と1/2
 ｜トマトケチャップ … 大さじ1/2
 ｜砂糖 … 小さじ1/2
 ｜かたくり粉 … 小さじ1/4
 ｜鶏ガラスープのもと … 少々
にんにく、しょうが（みじん切り）… 各少々
豆板醤 … 少々
ごま油 … 少々

作り方
1. 鶏肉は余分な脂肪を除き、小さめの一口大に切る。ねぎはあらみじんに切る。
2. フライパンにごま油を中火で熱し、鶏肉の皮目を下にして入れて2分ほど焼く。焼き色がついたら返し、ふたをして2分ほど蒸し焼きにする。ねぎ、にんにく、しょうが、豆板醤を加えていため合わせ、まぜ合わせたAを加え、照りよくからめる。

鶏とうずら卵の酢じょうゆ煮

材料（1人分）
鶏もも肉 … 1/3枚（80g）
玉ねぎ … 1/8個
うずらの卵（水煮）… 3個
しょうが（薄切り）… 1枚
サラダ油 … 小さじ1
A ┃ 酢 … 大さじ3
　┃ しょうゆ、水 … 各大さじ1 1/2
　┃ 砂糖 … 大さじ1

作り方
1 鶏肉は小さめの一口大に切る。玉ねぎは5～6mm厚さのくし形切りにする。
2 フライパンにサラダ油を中火で熱し、鶏肉を皮目を下にして入れ、2～3分焼いたら返し、まぜ合わせたA、しょうがを加える。
3 煮立ったら玉ねぎ、うずらの卵を加える。返しながら弱めの中火で5分ほど煮る。

ささ身のオニオン照り焼き

材料（1人分）
鶏ささ身 … 2本（100g）
かたくり粉 … 小さじ1/2
A ┃ 玉ねぎ（すりおろし）、
　┃ 　しょうゆ、砂糖 … 各大さじ1/2
　┃ 酢 … 小さじ1/2
サラダ油 … 少々
万能ねぎ（小口切り）… 適量

作り方
1 ささ身は包丁の背で両面をたたき、茶こしを通してかたくり粉を振る。
2 フライパンにサラダ油を中火で熱し、ささ身を入れて1分30秒、返して1分ほど焼く。まぜ合わせたAを加えて照りよくからめる。万能ねぎを振る。

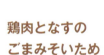

鶏肉となすのごまみそいため

材料（1人分）
鶏もも肉 … 1/3枚（80g）
なす … 1/2個（40g）
A ┃ 酒、みそ … 各大さじ1/2
　┃ 砂糖 … 小さじ1
　┃ しょうゆ … 少々
しょうが（せん切り）… 1/3かけ
サラダ油 … 少々
いり白ごま … 少々

作り方
1 鶏肉は余分な脂肪を除き、一口大のそぎ切りにする。なすは7mm厚さの輪切りにし、さっと水にさらして水けをふく。
2 フライパンにサラダ油を中火で熱し、鶏肉の皮目を下にしてなすとともに入れ、2～3分焼いてこんがりとしたら返し、ふたをして1分30秒ほど焼く。フライパンの余分な油をふき、まぜ合わせたA、しょうがを加えていため、ごまを振る。

トースタータンドリーチキン

材料（1人分）
鶏むね肉 … 1/4枚（60g）
A ┃ 玉ねぎ（すりおろし）… 1/8個
　┃ にんにく（すりおろし）
　┃ 　… 1/4かけ
　┃ プレーンヨーグルト … 大さじ1と1/2
　┃ オリーブ油 … 小さじ1
　┃ カレー粉 … 小さじ1/4
　┃ 塩、こしょう … 各少々
あらびき黒こしょう … 少々

作り方
1 鶏肉は半分に切る。ポリ袋に鶏肉、Aを合わせてもみ込み、そのまま10分ほどおく。
2 オーブントースターのトレーにアルミホイルを敷き、鶏肉を並べ入れる。10分ほど焼き、途中、表面が焦げてきたらアルミホイルをかぶせて焼く。黒こしょうを振る。

前日の夜から鶏肉をつけておいてもOK。

スペアリブのペッパーグリル

材料（1人分）
鶏スペアリブ … 5本(100g)
A ┃ にんにく(すりおろし) … 少々
  ┃ しょうゆ … 小さじ1
  ┃ 塩、あらびき黒こしょう … 各少々

作り方
1. ポリ袋に鶏スペアリブ、Aを入れてもみ込み、5分ほどおいてなじませる。
2. 魚焼きグリル（両面焼き）に並べ入れ、6〜7分焼く。

スペアリブの黒酢煮

材料（1人分）
鶏スペアリブ … 5本(100g)
ねぎ … 1/4本(20g)
A ┃ 水 … 1/2カップ
  ┃ しょうゆ、黒酢、砂糖 … 各大さじ2

作り方
1. ねぎは1cm厚さの斜め切りにする。
2. 小なべにAをまぜ、中火にかけて煮立てる。スペアリブ、ねぎを入れ、ときどき返しながら、弱めの中火で10分ほど煮る。

チキンのピザカップ

材料（1人分）
鶏むね肉 … 1/5枚(50g)
ピーマン … 1/4個(10g)
ホールコーン缶 … 大さじ1/2
ピザ用チーズ … 10g
トマトケチャップ … 少々
塩、こしょう … 各少々

作り方
1. 鶏肉は小さめの一口大に切り、塩、こしょうを振る。ピーマンは5〜6mm角に切る。
2. アルミカップに、鶏肉、ピーマン、コーン、ケチャップ、チーズを入れ、オーブントースターで6〜7分焼く。

ささ身ロールフライ

材料（1人分）
鶏ささ身 … 1本(50g)
さやいんげん … 4本(20g)
塩、こしょう … 各少々
小麦粉、とき卵、パン粉 … 各適量
揚げ油 … 適量

作り方
1. ささ身は筋を除き、縦に切り込みを入れて開き、厚みが均一になるように軽くたたいてのばし、塩、こしょうを振る。ささ身にいんげんを4本まとめてのせ、斜めにらせん状に巻く。小麦粉、とき卵、パン粉の順に衣をつける。
2. フライパンに揚げ油を深さ2cmほど注いで170度に熱し、1を入れる。ときどき返しながら、3〜4分揚げ、油をきって4等分に切る。

Beef | 牛肉

チャプチェ

材料（1人分）
牛切り落とし肉 … 30g
はるさめ … 5g
にんじん … 10g
しいたけ … 1個
焼き肉のたれ（市販品） … 小さじ2
塩 … 少々
あらびき黒こしょう … 適量
サラダ油 … 少々
いり白ごま … 少々

作り方
1 牛肉は大きければ食べやすく切り、塩、黒こしょう少々を振る。はるさめはもどして水けをきる。にんじんは4cm長さのせん切りに、しいたけは薄切りにする。
2 フライパンにサラダ油を中火で熱し、牛肉をいためる。肉の色が変わったら、にんじん、しいたけをいため、にんじんがしんなりとしたらはるさめ、焼き肉のたれを加え、いため合わせる。黒こしょう少々、ごまを振る。

牛肉のうずら巻き照り焼き

材料（1人分）
牛薄切り肉 … 2枚（40g）
うずら卵の水煮 … 2個
A ┃ しょうゆ … 小さじ2
　┃ みりん … 小さじ1
　┃ 砂糖 … 小さじ1/2
小麦粉 … 少々
サラダ油 … 少々

作り方
1 牛肉を広げ、うずらの卵をのせて、卵が見えなくなるように端からくるくると巻く。小麦粉をまぶし、手のひらで丸く形づくる。
2 フライパンにサラダ油を中火で熱し、1の巻き終わりを下にして並べ入れる。巻き終わりがくっついたら、返しながら2分ほど焼く。フライパンの余分な油をふきとり、まぜ合わせたAを加えて照りよくからめる。

牛肉のピリ辛野菜ロール

材料（1人分）
牛薄切り肉 … 2枚（40g）
にんじん … 5cm（50g）
じゃがいも … 1/2個（70g）
A ┃ 酒、オイスターソース … 各小さじ1
　┃ 豆板醤 … 少々
塩、こしょう … 各少々
サラダ油 … 少々

作り方
1 にんじん、じゃがいもは7〜8mm角の棒状に4本ずつ切る。耐熱皿にのせ、ふんわりとラップをかけ、電子レンジで30秒ほど加熱し、冷ます。牛肉を広げて塩、こしょうを振り、にんじん、じゃがいもを2本ずつのせて巻く。同様にもう1本作る。
2 フライパンにサラダ油を中火で熱し、1の巻き終わりを下にして並べ入れる。巻き終わりがくっついたら、返しながら1分30秒ほど焼く。フライパンの余分な油をふきとり、まぜ合わせたAを加えてからめ、斜め半分に切る。

プルコギ風いため

材料（1人分）
牛切り落とし肉 … 40g
にんじん … 10g
にら … 15g
A ┃ 酒 … 大さじ1/2
　┃ コチュジャン … 小さじ1
　┃ オレンジマーマレード … 小さじ1/2
　┃ にんにく（すりおろし）、しょうゆ、こしょう … 各少々
ごま油 … 少々

作り方
1 牛肉は食べやすい大きさに切り、Aをもみ込んで5分ほどおく。にんじんは4cm長さの薄い短冊切りに、にらは4cm長さに切る。
2 フライパンにごま油を中火で熱し、牛肉、にんじんをいためる。肉の色が変わってにんじんがしんなりとしたら、にらを加え、いため合わせる。

レンジ牛すき煮風

材料（1人分）
- 牛切り落とし肉 … 50g
- しらたき（下処理ずみ）… 30g
- 玉ねぎ … 1/4個
- A
  - めんつゆ（3倍濃縮タイプ）… 大さじ1
  - 砂糖 … 少々

作り方
1. 牛肉は食べやすい大きさに切る。しらたきは食べやすい長さに切る。玉ねぎは1cm厚さのくし形切りにする。
2. 耐熱の器にAをまぜ合わせ、牛肉、玉ねぎ、しらたきの順に重ね入れ、ふんわりとラップをかける。電子レンジで2分30秒ほど加熱し、全体をさっとまぜてなじませる。

> 1人分なら電子レンジでスピーディー

塩肉じゃが

材料（1人分）
- 牛切り落とし肉 … 40g
- じゃがいも … 小1個（100g）
- にんじん … 1/5本（30g）
- A
  - だし … 1/2カップ
  - みりん、砂糖 … 各大さじ1/2
  - 塩 … 小さじ1/3
- サラダ油 … 少々

作り方
1. 牛肉は食べやすい大きさに切る。じゃがいもは4等分に切る。にんじんは3～4mm厚さの半月切りにする。
2. フライパンにサラダ油を中火で熱し、じゃがいも、にんじんをさっといためる。牛肉を加えていため、肉の色が変わったら、Aを注ぐ。煮立ったらアクをとり、落としぶたをして弱めの中火で10分ほど煮る。強火にして、煮からめる。好みで万能ねぎの小口切りを散らす。

牛肉とパプリカのエスニックいため

材料（1人分）
- 牛切り落とし肉 … 40g
- 玉ねぎ … 1/8個
- パプリカ（赤）… 1/4個（40g）
- にんにく（みじん切り）… 少々
- A
  - ナンプラー … 小さじ1/2～1
  - あらびき黒こしょう … 少々
- サラダ油 … 少々

作り方
1. 牛肉は食べやすい大きさに切る。玉ねぎは6～7mm厚さのくし形切りに、パプリカは縦に5mm幅の細切りにする。
2. フライパンにサラダ油を中火で熱し、牛肉をいためる。肉の色が変わったら、玉ねぎ、にんにくを加えていため、玉ねぎがしんなりとしたらパプリカをいため合わせ、Aで調味する。

牛肉と根菜のこっくりいため

材料（1人分）
- 牛切り落とし肉 … 40g
- ごぼう … 15g
- れんこん … 15g
- A
  - しょうゆ … 小さじ2
  - 酒、みりん … 小さじ1
  - 砂糖 … 小さじ1/2
  - 赤とうがらし（小口切り）… 少々
- サラダ油 … 少々
- すり白ごま … 少々

作り方
1. 牛肉は食べやすい大きさに切る。ごぼうはささがき、れんこんは半月切りにして、それぞれ水に5分ほどさらし、水けをきる。
2. フライパンにサラダ油を熱し、れんこん、ごぼうをいためる。しんなりとしたら牛肉を加え、肉の色が変わるまでいためる。まぜ合わせたAを加えて汁けがなくなるまでいため合わせ、ごまを振る。

Minced Meat ひき肉

肉だんごの甘酢あん

材料(1人分)
豚ひき肉 … 70g
A 玉ねぎ(みじん切り) … 大さじ1
　酒、かたくり粉 … 各小さじ1
　塩、こしょう … 各少々
B 水 … 大さじ1と1/2
　トマトケチャップ … 小さじ2
　酢、砂糖、しょうゆ … 各小さじ1
　かたくり粉 … 小さじ1/4
揚げ油 … 適量
いり白ごま … 少々

作り方
1 ボウルにひき肉、Aを入れて粘りが出るまでねりまぜ、3等分して丸める。フライパンに揚げ油を深さ1cmほどに注いで160度に熱し、返しながら5分ほど揚げ、油をきる。
2 小なべにまぜ合わせたBを煮立て、1を入れてからめる。ごまを振る。

トースター枝豆のし鶏

材料(1人分)
鶏ひき肉 … 80g
枝豆(冷凍) … 50g(正味25g)
A ねぎ(あらいみじん切り)、酒 … 各大さじ1
　みそ、かたくり粉 … 各大さじ1/2

作り方
1 枝豆は袋の表示どおりに解凍し、さやから豆をとり出す。ボウルにひき肉、Aを入れて粘りが出るまでねりまぜ、枝豆を加えてさっとまぜる。
2 オーブントースターのトレーにアルミホイルを敷き、1を8×10cmほどに広げる。予熱したオーブントースターで10分ほど焼き、食べやすく切る。

ピーマンエッグ

材料(1人分)
合いびき肉 … 40g
ゆで卵 … 1/2個
A マヨネーズ … 小さじ2
　塩、こしょう … 各少々
ピーマン … 小1個

作り方
1 ひき肉は耐熱皿に入れ、ふんわりとラップをかけて、電子レンジで40~50秒加熱する。ゆで卵はあらく刻み、加熱したひき肉、Aをまぜ合わせる。
2 ピーマンは縦半分に切って種を除き、1を詰め、トースターで6~7分焼く。

しいたけのチーズつくね焼き

材料(1人分)
鶏ひき肉 … 30g
A かたくり粉 … 小さじ1/2
　しょうゆ、みりん … 各少々
プロセスチーズ … 10g
しいたけ … 小2個
かたくり粉 … 少々
サラダ油 … 少々

作り方
1 ボウルにひき肉とAを入れ、粘りが出るまでねり、5mm角に切ったチーズを加えてさっとまぜる。
2 しいたけは軸をとって内側にかたくり粉をまぶし、肉だねを半量ずつ詰める。
3 フライパンにサラダ油を中火で熱し、2の肉の面を下にして並べ入れる。こんがりと焼き色がついたら返し、水大さじ1を加え、ふたをして、弱めの中火で3分ほど蒸し焼きにする。

ミートオムレツ

材料（1人分）
- 合いびき肉 … 50g
- 卵 … 1個
- 玉ねぎ（あらいみじん切り）… 1/8個
- サラダ油 … 小さじ1
- トマトケチャップ … 適量

作り方
1. 卵は割りほぐす。
2. フライパンにサラダ油を中火で熱し、ひき肉、玉ねぎを入れていためる。肉の色が変わったら、卵を加えてまぜ、フライパンの端に寄せて半月形に形をととのえながら焼く。ケチャップをかけ、好みでパセリを振る。

レンジバーグ

材料（1人分）
- 合いびき肉 … 70g
- A
  - 玉ねぎ（みじん切り）… 大さじ2（20g）
  - パン粉 … 大さじ2
  - マヨネーズ … 大さじ1
  - 塩、こしょう … 各少々
- B
  - トマトケチャップ … 小さじ2
  - 中濃ソース、赤ワイン … 各小さじ1

作り方
1. ボウルにひき肉、Aを入れて粘りが出るまでねりまぜて2等分し、1cm厚さの小判形にする。
2. 耐熱皿に1を並べてふんわりとラップをかける。電子レンジで1分加熱し、上下を返してまぜ合わせたBをかけ、再度ラップをかけて1分ほど加熱する。好みでレタスを添える。

スティック枝豆揚げ

材料（1人分）
- 豚ひき肉 … 40g
- 枝豆（冷凍）… 5さや
- ギョーザの皮 … 4枚
- 塩、こしょう … 各少々
- 揚げ油 … 適量

作り方
1. 枝豆は解凍して豆をとり出す。ボウルにひき肉と塩、こしょうを入れてねりまぜ、枝豆を加えてまぜる。4等分してギョーザの皮にのせ、端から巻いて縁に水をつけてとめる。
2. フライパンに揚げ油を深さ1cmほど注いで170度に熱し、1を並べ入れる。返しながら3〜4分揚げ、油をきる。

れんこんつくね

材料（1人分）
- 鶏ひき肉 … 50g
- A
  - 玉ねぎ（みじん切り）、パン粉 … 各大さじ1
  - かたくり粉 … 小さじ1/2
  - 酒 … 小さじ1
- れんこん（3〜4mm厚さの薄切り）… 2枚（15g）
- かたくり粉 … 少々
- B
  - しょうゆ、みりん … 各小さじ1
  - 砂糖 … 少々
- サラダ油 … 小さじ1

作り方
1. ボウルにひき肉、Aを入れてまぜ、2等分して円盤形にととのえる。れんこんの片面にかたくり粉をまぶし、肉だねに押しつけて形をととのえる。
2. フライパンにサラダ油を中火で熱し、1をれんこんの面を下にして並べ入れる。こんがりとしたら上下を返し、ふたをして弱火で3分ほど蒸し焼きにする。
3. フライパンの余分な油をキッチンペーパーでふきとり、まぜ合わせたBを加えてからめ、好みで万能ねぎを添える。

チキンナゲット

材料(1人分)
鶏ひき肉 … 70g
A ┌ 玉ねぎ(すりおろし) … 大さじ1/2
  │ パン粉 … 大さじ1
  └ 粉チーズ … 小さじ1
小麦粉 … 適量
揚げ油 … 適量
フレンチマスタード … 少々

作り方
1 ボウルにひき肉とAを入れ、粘りが出るまでねる。バットに小麦粉を入れ、肉だねを1/4量ずつスプーンですくって落とし、小麦粉をまぶしてからナゲット形に形づくる。
2 フライパンに揚げ油を深さ2cmほど注いで160度に熱し、1を並べ入れる。返しながら3分ほどに揚げ、油をきる。フレンチマスタードを添える。

ひき肉にらいため

材料(1人分)
豚ひき肉 … 60g
にら … 10g
玉ねぎ … 1/8個
焼き肉のたれ(市販品) … 小さじ2
サラダ油 … 小さじ1

作り方
1 にらは5cm長さ、玉ねぎは1cm厚さのくし形に切る。
2 フライパンにサラダ油を中火で熱し、玉ねぎをいためる。透き通ってきたらひき肉を加えていため、肉の色が変わったら、にらを加えてさっといためる。焼き肉のたれを加え、さっといためる。

かぼちゃのレンジそぼろ煮

材料(1人分)
鶏ひき肉 … 50g
かぼちゃ … 60g(正味)
A ┌ 酒 … 大さじ1
  │ しょうゆ、みりん … 各大さじ1/2
  └ かたくり粉 … 小さじ1/2

作り方
1 かぼちゃは2cm角程度の小さめの一口大に切る。
2 耐熱ボウルにAをまぜ、ひき肉を加えてまぜる。かぼちゃを加えてざっくりとまぜ、重ならないように広げる。ふんわりとラップをかけ、電子レンジで2分ほど加熱してまぜる。

ひき肉ととうふののりかば焼き

材料(1人分)
絹ごしどうふ … 50g
A ┌ 鶏ひき肉 … 30g
  └ パン粉 … 大さじ1/2
焼きのり … 4×5cmを2枚
かたくり粉 … 少々
B ┌ しょうゆ … 小さじ2
  └ 水、みりん … 各小さじ1
サラダ油 … 少々
万能ねぎ(小口切り) … 少々

作り方
1 とうふは耐熱の器にちぎって入れ、ラップをかけずに電子レンジで30秒加熱し、ざるに上げて冷ましながら水きりする。ボウルにAととうふを入れてねりまぜる。
2 のりの片面にかたくり粉を振り、1を半量ずつ広げる。
3 フライパンにサラダ油を中火で熱し、2をのりの面を下にして並べ入れる。のりと肉だねがなじんだら返して弱火で3~4分ほど焼き、Bを加え、からめる。万能ねぎを散らす。

フライパン蒸しシューマイ

材料（1人分）
- 豚ひき肉 … 50g
- 玉ねぎのみじん切り … 大さじ1/2
- A
  - かたくり粉 … 小さじ1/2
  - しょうが(すりおろし)、しょうゆ、塩、こしょう … 各少々
- ホールコーン缶 … 小さじ2
- シューマイの皮 … 3枚
- キャベツ … 1/3枚(15g)
- 塩、ごま油 … 各少々

作り方
1. ボウルにひき肉、玉ねぎ、Aを入れ、粘りが出るまでねりまぜ、缶汁をきったコーンを加えてさっとまぜる。
2. 3等分して丸め、5mm幅に切ったシューマイの皮をはりつける。キャベツは小さめの一口大に切る。
3. フライパンにキャベツを入れてシューマイをのせ、水大さじ4を注ぎ、ふたをして強火にかける。湯げが立ったら中火にして5分ほど蒸す。キャベツは塩、ごま油をまぜて添える。

ねぎ塩しそつくね

材料（1人分）
- 鶏ひき肉 … 80g
- 青じそ … 2枚
- A
  - ねぎ(あらいみじん切り) … 大さじ1
  - 酒、かたくり粉 … 各大さじ1/2
  - 塩 … ふたつまみ
- サラダ油 … 少々

作り方
1. ボウルにひき肉、Aを入れて粘りが出るまでねりまぜ、2等分にして厚さ1.5cmほどの小判形にととのえる。青じそを巻く。
2. フライパンにサラダ油を中火で熱し、1を入れる。1分30秒ほど焼いてこんがりとしたら返し、ふたをして弱火で4分ほど蒸し焼きにする。

オクラと豆のレンジサブジ

材料（1人分）
- 合いびき肉 … 50g
- オクラ … 2本
- ミックスビーンズ … 50g
- 玉ねぎ(あらいみじん切り) … 1/8個
- A
  - カレー粉 … 小さじ2/3
  - 塩 … ふたつまみ
  - こしょう、クミンパウダー … 各少々

作り方
1. オクラは1.5cm厚さの小口切りにする。
2. 耐熱ボウルにひき肉、玉ねぎ、Aをまぜる。オクラ、ミックスビーンズをのせてふんわりとラップをかけ、電子レンジで2分ほど加熱してまぜる。

信田巻き

材料（1人分）
- 鶏ひき肉 … 50g
- A
  - ねぎ(みじん切り) … 大さじ1/2
  - 酒、かたくり粉 … 各小さじ1
  - しょうゆ … 少々
- 油揚げ … 1/2枚
- B
  - だし … 1/2カップ
  - 酒、しょうゆ … 各小さじ2
  - 砂糖 … 小さじ1

作り方
1. ボウルにひき肉とAを入れてねりまぜる。油揚げは菜箸を転がしてほぐし、3辺を切って開き(1辺は残す)、肉だねをのせ、奥を2cmほどあけて塗り広げる。手前から巻き、巻き終わりをつまようじでとめる。
2. 小なべにBを煮立て、1を入れる。落としぶたをして4分ほど煮たら上下を返し、さらに3〜4分煮る。あら熱をとり、3等分に切る。

Fish ｜ 魚

鮭の焼き南蛮

材料（1人分）
鮭の切り身 … 1/2切れ（40g）
玉ねぎ … 1/8個
パプリカ（黄） … 1/6個（20g）
A｜ だし … 大さじ1と1/2
　｜ しょうゆ … 小さじ1
　｜ 酢 … 小さじ1/2
　｜ 砂糖 … 少々
　｜ 赤とうがらし（小口切り） … 少々
塩 … 少々
サラダ油 … 少々

作り方
1 鮭は一口大のそぎ切りにして塩を振る。玉ねぎは薄切りに、パプリカを横半分に切って縦に細切りにする。ボウルにAをまぜ合わせ、玉ねぎ、パプリカを加えてからめる。
2 フライパンにサラダ油を中火で熱し、鮭を並べ入れる。2～3分焼いてこんがりとしたら返し、ふたをして弱火で1分ほど焼く。熱いうちにAに入れてからめ、なじませる。

さんまのかば焼き

材料（1人分）
さんま（三枚おろし） … 1尾分
しょうがのしぼり汁 … 小さじ1/2
かたくり粉 … 小さじ1/2
A｜ 酒 … 小さじ2
　｜ しょうゆ、みりん … 各小さじ1
　｜ 砂糖 … 小さじ1/2
サラダ油 … 少々
すり白ごま、粉山椒 … 各適量

作り方
1 さんまは3等分に切り、しょうがのしぼり汁をからめ、茶こしを通してかたくり粉を薄く振る。
2 フライパンにサラダ油を中火で熱し、さんまを並べる。両面合わせて3分ほど焼いてこんがりとしたら、まぜ合わせたAを加えて照りよくからめる。ごま、粉山椒を振る。

あじの青のりフライ

材料（1人分）
あじ（三枚おろし） … 1/2切れ
塩、こしょう … 各少々
小麦粉、とき卵 … 各適量
パン粉 … 大さじ3
青のり … ひとつまみ
A｜ マヨネーズ … 小さじ1
　｜ ゆかり … 少々
揚げ油 … 適量

作り方
1 あじは半分に切って塩、こしょうを振り、小麦粉、とき卵、青のりをまぜたパン粉の順に衣をつける。Aはまぜ合わせる。
2 フライパンに揚げ油を深さ1cmほど注いで170度に熱し、あじを並べ入れる。返しながら3分ほど揚げ、油をきる。Aを添える。

鮭のチーズ焼き

材料（1人分）
鮭の切り身 … 小1切れ（70g）
ピザ用チーズ … 15g
塩、こしょう … 各少々
サラダ油 … 少々
パセリ（みじん切り） … 少々

作り方
1 鮭は2等分のそぎ切りにして、塩、こしょうを振る。
2 フライパンにサラダ油を中火で熱し、鮭を焼きつける。こんがりと焼き色がついたら返し、チーズを等分にのせ、ふたをして弱火で2分ほど蒸し焼きにする。パセリを振る。

ぶりの竜田揚げ

材料（1人分）
ぶりの切り身 … 小1切れ（70g）
A｜酒、しょうゆ … 各小さじ1
　｜しょうがのしぼり汁 … 少々
かたくり粉 … 適量
揚げ油 … 適量

作り方
1　ぶりは一口大のそぎ切りにして、Aをからめて5分ほどおく。
2　フライパンに揚げ油を深さ1cmほど注いで170度に熱し、1にかたくり粉をまぶして並べ入れる。返しながら2～3分揚げ、油をきる。好みでレモンを添える。

照りマヨ鮭バーグ

材料（1人分）
鮭の切り身 … 小1切れ（70g）
A｜玉ねぎ（みじん切り）、とき卵 … 各大さじ1/2
　｜パン粉 … 大さじ1
　｜塩、こしょう … 各少々
B｜しょうゆ … 小さじ1
　｜水、みりん … 各小さじ2/3
　｜砂糖 … 少々
サラダ油 … 少々
マヨネーズ … 適量

作り方
1　鮭は皮、骨を除いて包丁で刻んでから粘りが出るまでたたいてボウルに入れ、Aを加えてねりまぜる。2等分して小判形に形づくる。
2　フライパンにサラダ油を中火で熱し、1を並べ入れる。こんがりと焼き色がついたら返し、ふたをして弱火で1分30秒ほど蒸し焼きにする。フライパンの余分な油をふきとり、まぜ合わせたBを加えて、照りよくからめる。マヨネーズをかける。

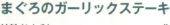

鮭クロケット

材料（1人分）
鮭の切り身 … 1/2切れ（40g）
じゃがいも … 小1/2個（50g）
万能ねぎ（小口切り） … 1本分
A｜マヨネーズ … 小さじ2
　｜塩、こしょう … 各少々
小麦粉、とき卵、パン粉 … 各適量
揚げ油 … 適量

作り方
1　じゃがいもは皮つきのままラップに包み、電子レンジで1分30秒～2分加熱し、皮をむいてつぶす。
2　鮭は耐熱皿にのせ、ふんわりとラップをかけて電子レンジで40～50秒加熱し、皮、骨を除いてほぐす。じゃがいも、鮭、万能ねぎ、Aをまぜ、3等分して丸める。小麦粉、とき卵、パン粉の衣をつける。
3　フライパンに揚げ油を2cm深さほど注いで170度に熱し、2を並べ入れる。返しながら3分ほど揚げ、油をきる。

まぐろのガーリックステーキ

材料（1人分）
まぐろの刺し身 … 3切れ（70g）
にんにく（薄切り） … 2枚
塩、あらびき黒こしょう … 各少々
A｜バター、しょうゆ … 各少々
サラダ油 … 少々

作り方
1　まぐろは塩、黒こしょうを振る。
2　フライパンにサラダ油、にんにくを入れて弱めの中火で加熱する。にんにくをきつね色になるまで両面焼いたらとり出し、強火にして、まぐろを並べ入れる。こんがりと焼いて火を通したら、火を弱め、フライパンの余分な油をふきとり、Aをからめる。好みでパセリを添える。

67

かじきのしょうが照り焼き

材料（1人分）
かじきの切り身 … 小1切れ（70g）
A │ しょうゆ、みりん、砂糖 … 各小さじ1
　│ しょうが（すりおろし）… 少々
サラダ油 … 少々
しょうが（すりおろし）… 少々

作り方
1 かじきは一口大のそぎ切りにする。
2 フライパンにサラダ油を中火で熱し、かじきを入れて2分ほど焼きつける。返してさっと焼いたらまぜ合わせたAを加え、照りよくからめる。しょうがをのせる。

おろししょうがをのっけて

フライパンゆで鮭

材料（1人分）
甘塩鮭 … 1切れ（80g）
塩 … 適量
青じそ、すだちの輪切り … 各適量

作り方
1 フライパンにたっぷりの熱湯を沸かし、湯量の1%の塩を入れる。
2 鮭を入れ、弱めの中火で3分ほどゆで、ざるに上げて水けをきる。青じそ、すだちを添える。

かじきといんげんのオイスターいため

材料（1人分）
かじきの切り身 … 1/2切れ（40g）
さやいんげん … 2本（10g）
A │ 酒 … 大さじ1/2
　│ オイスターソース … 小さじ1
塩、こしょう … 各少々
サラダ油 … 少々

作り方
1 かじきは1cm幅の棒状に切り、塩、こしょうを振る。いんげんは4cm長さの斜め切りにする。
2 フライパンにサラダ油を中火で熱し、かじきを焼きつける。こんがりとしたらいんげんを加えて2～3分いため、まぜ合わせたAで調味する。

たらのみそしょうがマヨ焼き

材料（1人分）
たらの切り身 … 小1切れ（70g）
A │ マヨネーズ … 小さじ1
　│ みそ … 小さじ1/2
　│ しょうが（すりおろし）… 少々
いり白ごま … 少々

作り方
1 たらは一口大のそぎ切りにする。
2 オーブントースターのトレーにアルミホイルを敷き、たらを並べ入れ、まぜ合わせたAを表面全体に塗る。5分ほど焼き、ごまを振る。

オーブントースターでこんがり♪

さばのカレーソテー

材料（1人分）
さば（三枚おろし）… 1切れ（80g）
塩、こしょう、カレー粉 … 各少々
小麦粉 … 適量
サラダ油 … 少々

作り方
1 さばは半分に切って、塩、こしょう、カレー粉を振り、小麦粉をまぶす。
2 フライパンにサラダ油を中火で熱し、さばを皮目を下にして並べ入れる。2～3分焼いてこんがりとしたら返し、1～2分焼く。好みでイタリアンパセリを添える。

かじきのベーコン巻きソテー

材料（1人分）
かじきの切り身 … 1/2切れ（40g）
ベーコン … 2枚
塩、こしょう … 各少々
サラダ油 … 少々

作り方
1 かじきは4等分の棒状に切り、塩、こしょうを振る。ベーコンを半分に切ってかじきに巻く。
2 フライパンにサラダ油を中火で熱し、1を巻き終わりを下にして並べ入れる。こんがりと焼き色がついて巻き終わりがくっついたら返しながら2～3分焼く。

鮭のみりんじょうゆ焼き

材料（1人分）
鮭の切り身 … 小1切れ（70g）
A｜みりん、しょうゆ … 各小さじ1
サラダ油 … 少々

作り方
1 鮭は4等分のそぎ切りにし、まぜ合わせたAをからめ、10分ほどおく。
2 フライパンにサラダ油を中火で熱し、鮭を並べ入れる。1～2分焼いたら返し、ふたをして弱火で1分ほど焼く。

かつおのしょうが煮

材料（1人分）
かつお（刺し身用）… 60g
A｜水 … 1/2カップ
　｜しょうゆ … 小さじ2
　｜酒、みりん、砂糖 … 各大さじ1/2
しょうが（せん切り）… 1/2かけ分

作り方
1 かつおは1cm角に切る。
2 なべにAを煮立て、かつお、しょうがを加える。アクをとり、落としぶたをして弱めの中火で5分ほど、汁けがほぼなくなるまで煮る。

ごはんが進む
つくだ煮風

69

Shrimp & Squid | えび・いか

えびとカリフラワーのクリーム煮

材料（1人分）
- むきえび … 5尾（50g）
- カリフラワー … 3房（50g）
- A
  - 水 … 1/4カップ
  - 洋風スープのもと（顆粒） … 少々
- ホワイトソース（市販品） … 大さじ1
- 粉チーズ … 小さじ1
- パセリ（みじん切り） … 少々

作り方
1. えびは背に切り目を入れて、背わたをとる。
2. 小なべにAを煮立て、えび、カリフラワーを加え、ふたをして中火で3〜4分煮る。ホワイトソース、粉チーズをまぜてさっと煮る。パセリを振る。

えびフライ

材料（1人分）
- むきえび … 大3尾（60g）
- 塩、こしょう … 各少々
- A
  - 水 … 大さじ1/2
  - 小麦粉 … 小さじ2
- パン粉、揚げ油 … 各適量
- 中濃ソース、レモン（くし形切り） … 各適量

作り方
1. むきえびはあれば背わたをとって洗い、塩、こしょうを振る。まぜ合わせたAをからめてパン粉をまぶす。
2. フライパンに揚げ油を深さ1cmほど注いで170度に熱し、1を入れて3分ほど揚げ、油をきる。ソースをかけ、レモンを添える。

えびとブロッコリーの塩いため

材料（1人分）
- むきえび … 5尾（80g）
- ブロッコリー … 3房
- A
  - 酒 … 小さじ2
  - 塩 … ひとつまみ
  - あらびき黒こしょう … 少々
- ごま油 … 少々

作り方
1. フライパンにむきえび、ブロッコリー、水大さじ2を振ってふたをし、中火にかけて3分ほど蒸す。
2. 余分な水分が残っていたらふたをとって飛ばし、ごま油を加えてさっといため、Aを加えて味をととのえる。

いかと玉ねぎのかき揚げ

材料（1人分）
- いか（冷凍） … 40g
- 玉ねぎ … 1/8個（25g）
- 小麦粉 … 小さじ1/2
- A
  - 冷水 … 大さじ1と1/2
  - 小麦粉 … 大さじ2
- 揚げ油 … 適量
- 塩 … 少々

作り方
1. いかは解凍して水けをしっかりとふきとり、1cm角に切る。玉ねぎは薄切りにする。ボウルにいか、玉ねぎを入れて小麦粉をまぶし、まぜ合わせたAを加えてさっくりとまぜる。
2. フライパンに揚げ油を深さ1cmほど注いで170度に熱し、1を半量ずつスプーンですくい入れる。返しながら、3分ほど揚げ、油をきる。塩を振り、好みですだちを添える。

えびと卵のチリソース

材料(1人分)
むきえび … 5尾(50g)
卵 … 1個
A ｜ ねぎ(みじん切り) … 大さじ1/2
　｜ にんにく(みじん切り) … 少々
　｜ トマトケチャップ … 大さじ1
　｜ 水 … 大さじ1/2
　｜ 砂糖 … 小さじ1
　｜ 豆板醤、鶏ガラスープのもと
　｜ 　　… 各少々
ごま油 … 少々

作り方
1 えびは背に切り目を入れて、背わたをとる。卵は割りほぐす。
2 フライパンにごま油を中火で熱し、えびをいためる。えびの色が変わったらフライパンの端に寄せて、あいたところに卵を流し入れる。大きくまぜていため、まぜ合わせたAを加えて全体をいため合わせる。

えびマヨ

材料(1人分)
むきえび … 5尾(80g)
パプリカ(黄) … 1/6個(20g)
塩、こしょう … 各少々
かたくり粉 … 適量
A ｜ マヨネーズ … 大さじ1と1/2
　｜ レモン汁 … 小さじ1/2
　｜ 砂糖 … 小さじ1
サラダ油 … 大さじ1

作り方
1 パプリカは小さめの一口大に切る。むきえびはあれば背わたをとって洗い、塩、こしょうを振り、かたくり粉をまぶす。
2 フライパンにサラダ油を中火で熱し、えびを入れる。返しながら2分ほど焼き、まわりがカリッとしたらパプリカを加え、さっといためる。まぜ合わせたAをからめる。

いかと大根の甘辛いため

材料(1人分)
いか(冷凍、一口大に切れているもの)
　… 50g
大根 … 3cm(50g)
A ｜ 酒、しょうゆ … 各小さじ1
　｜ 砂糖 … 小さじ1/2
サラダ油 … 少々

作り方
1 いかは解凍して水けをしっかりとふきとる。大根は3〜4mm厚さのいちょう切りにする。
2 フライパンにサラダ油を中火で熱し、大根を焼きつける。両面がこんがりとしたら、強火にしていかをさっといため合わせる。フライパンの余分な油をふきとり、まぜ合わせたAを加えてからめる。

いかとセロリの塩いため

材料(1人分)
いか(冷凍、一口大に切れているもの)
　… 60g
セロリ … 1/5本(20g)
塩、あらびき黒こしょう … 各少々
ごま油 … 少々

作り方
1 いかは解凍して水けをしっかりとふきとる。セロリは斜め薄切りにし、葉はあらく刻む。
2 フライパンにごま油を強火で熱し、いかをいためる。セロリを茎、葉の順に加えてさっといため合わせ、塩、黒こしょうで味をととのえる。

いかの
プリプリ感を
楽しんで

Column 3 おべんとうをちょっとかわいくするアイデア

プチカプレーゼ

材料（1人分）
ミニトマト … 2個
モッツァレラチーズ … 15g
塩、あらびき黒こしょう、オリーブ油 … 各適量

作り方
1 ミニトマトは横半分に切る。モッツァレラチーズは半分に切る。
2 ミニトマトにチーズをのせ、塩、黒こしょうを振り、オリーブ油をかける。

ハムチー青じそサンド

材料（1人分）
ロースハム … 1枚
青じそ … 1枚
スライスチーズ … 1枚

作り方
ロースハム、青じそ、チーズを重ね、半分に切ってさらに重ねる。数回切って重ね、ピックで刺す。

ウインナドッグ

材料（1人分）
ウインナソーセージ … 2本
リーフレタス … 少々
スライスチーズ … 1/4枚

作り方
1 ウインナはホットドッグ用のパンのように、中央に切り込みを入れ、熱湯でさっとゆでて冷ます。
2 ウインナの切り込みに、ちぎったリーフレタス、三角に切ったスライスチーズをはさむ。

行楽や、みんなでおかずを持ち寄ってワイワイ食べるおべんとうは、ちょっとかわいい見せ方に挑戦。
ふだんおべんとうに使う食材に、ひと手間加えただけで、ふたをあけた瞬間、テンションが上がります。

うさぎウインナ

材料（1人分）
ウインナソーセージ … 2本
いり黒ごま … 4粒

作り方
1 ウインナは中央から端に向かって斜めに切り込みを入れ、さらに切り込み部分を縦に切ってうさぎの耳を作る。
2 竹ぐしでウインナの端に穴を2つあけ、黒ごまを埋めて目にする。熱湯でさっとゆでると耳が立つ。

ミニトマきゅうりサンド

材料（1人分）
ミニトマト（赤・黄）… 各1個
きゅうり（6〜7mm厚さの小口切り）… 2切れ

作り方
ミニトマトはへたをとって横半分に切り、色違いのトマトできゅうりをはさむ。

カラフルうずら

材料（1人分）
うずら卵の水煮 … 4個
A　熱湯 … 1/4カップ
　　ゆかり … 小さじ1/2
　　酢、砂糖 … 各小さじ1
B　熱湯 … 1/4カップ
　　カレー粉 … 小さじ1/2
　　酢、砂糖 … 各小さじ1
　　塩 … 少々

作り方
1 A、Bをそれぞれの容器に入れ、よくまぜる。
2 A、Bにうずらの卵を2個ずつ入れ、小さく切ったキッチンペーパーを落としぶたのようにしてかぶせて汁にひたし、ときどき上下を返しながら20分ほどつける。

かわいく見せるポイント

● **くるくる巻く**
葉野菜や焼きのりなどをくるくる巻いてカットすると、かわいい断面がのぞきます。ピーラーなどでスライスした大根やきゅうりなどを、かにかまやうずらの卵などに巻きつけても、かわいい一口おかずになります。

● **ミニチュア版を作る**
おしゃれな料理をおべんとうサイズに小さく作るのもかわいい。ミニトマトと小さく切ったモッツァレラチーズの「プチカプレーゼ」や、ウインナにレタスをはさんで「ホットドッグ風」など、どれも簡単。

● **均一に切るときれい**
具材の厚さや太さ、長さは均一にそろえたほうが見た目がきれいに仕上がります。大根を薄くそいだり、きゅうりを薄い小口切りにするときは、ピーラーやスライサーなどの道具を使えば簡単です。

● **よく切れる包丁を使う**
ウインナの飾り切りや、スライスチーズを小さく切るなど、包丁を使ったこまかい作業もあります。それだけに包丁の切れ味は大事。キッチンばさみや小回りがきく小さなナイフを使ってもよいでしょう。

● **ピックを用意する**
せっかくかわいく作ったのに、持ち運ぶ最中にくずれてしまっては台なし。とくに小さいロールやサンド系はピックを使って固定すること。かわいいピックをいくつか用意しておきましょう。

73

Chapter 3

パッと作れて
ぎっしりおいしい、
1品べんとう

忙しい日は1品だけのボリュームべんとうで
OK。野菜たっぷりのごちそうサラダと具だく
さんスープには、おにぎりやパンを添えても。
ごはんにどーんと「のっけべん」、めん料理やサ
ンドイッチには、小さなおかずやフルーツをつ
け合わせてもいいでしょう。大満足の28品。

サラダべんとう ➡ p.76〜

スープべんとう ➡ p.78〜

ごはんもの ➡ p.80〜

めんべんとう ➡ p.84〜

パンべんとう ➡ p.87〜

サラダ・スープべんとう

「最近、野菜が足りないな」と感じたら、野菜たっぷりのサラダやスープのおべんとう。
肉や大豆製品などでたんぱく質もたっぷり補給。持っていくときは保冷剤をつけて。

いためどうふとひじきのチョップドサラダ

材料（1人分）
- 芽ひじき（乾燥）… 大さじ1と1/2
- 木綿どうふ … 1/2丁
- きゅうり … 1/2本
- 水菜 … 1/4束
- みょうが … 1個
- A
  - 梅肉 … 10g
  - しょうゆ … 大さじ1/2
  - ごま油 … 大さじ1
- 塩 … ひとつまみ
- こしょう … 少々
- ごま油 … 小さじ1

作り方
1. ひじきはたっぷりの水に15分ほどつけてもどす。とうふは水きりし、2cm角に切る。
2. きゅうりは1cm角、水菜は2cm長さに切る。みょうがはあらみじんに切る。
3. フライパンにごま油を中火で熱し、1をいためる。油が回ったら塩、こしょうを加え、いため合わせる。
4. 容器に2、3を入れ、食べるときにまぜ合わせたAをかける。

ベーコンとビーツのチョップドサラダ

材料（1人分）
- ベーコン（ブロック）… 50g
- ビーツ缶 … 30g
- アーモンド … 10粒
- プロセスチーズ … 30g
- レタス、好みのハーブ … 合わせて100g
- A
  - マヨネーズ … 大さじ2
  - 牛乳、レモン汁 … 各小さじ1
  - 塩、こしょう … 各少々

作り方
1. ベーコンは1〜1.5cm角に切る。フライパンに入れて中火で熱し、こんがりとするまでいため、冷ます。ビーツ、チーズ、レタス、ハーブも同様の大きさに切る。
2. 容器に1、アーモンドを入れ、食べるときにまぜ合わせたAをかける。

カレーポークサラダ

材料(1人分)
豚こまぎれ肉 … 80g
サニーレタス、ベビーリーフ
　… 合わせて60g
レッドキドニービーンズ(水煮)
　… 40g
ホールコーン缶 … 大さじ3
A ┃ カレー粉 … 小さじ1/4
　┃ 塩、あらびき黒こしょう
　┃ 　… 各ひとつまみ
B ┃ オリーブ油 … 大さじ1
　┃ 塩 … ひとつまみ
　┃ レモン汁 … 大さじ1/2
　┃ こしょう … 少々
オリーブ油 … 小さじ1

作り方
1 サニーレタスは食べやすくちぎる。豚肉にAをもみ込む。
2 フライパンにオリーブ油を中火で熱し、コーンをいためてとり出す。つづいて豚肉をこんがりとするまでいため、それぞれ冷ます。
3 容器にレタス、ベビーリーフ、2、レッドキドニービーンズを入れ、食べるときにまぜ合わせたBをかける。

キャロットドレッシングのチキンサラダ

材料(1人分)
鶏もも肉 … 小1枚
サニーレタス … 3～4枚
紫キャベツ … 1枚
カマンベールチーズ … 40g
A ┃ にんじん(すりおろし)
　┃ 　… 大さじ1
　┃ オリーブ油 … 大さじ1
　┃ 白ワインビネガー
　┃ 　… 大さじ1/2
　┃ 塩、こしょう … 各少々
塩 … 小さじ1/4
あらびき黒こしょう … 少々
オリーブ油 … 小さじ1

作り方
1 鶏肉は余分な脂肪を除いて厚みを開き、塩、黒こしょうを振る。
2 フライパンにオリーブ油を中火で熱し、鶏肉を皮目を下にして入れる。3分ほど焼いてこんがりとしたら上下を返し、ふたをして弱火で4分蒸し焼きにする。あら熱をとり、一口大に切る。
3 サニーレタスは一口大に切る。紫キャベツはせん切り、チーズは放射状に切る。
4 容器に鶏肉、3を入れ、食べるときにまぜ合わせたAをかける。

77

えびのニース風サラダ

材料（1人分）
ボイルえび … 6尾
ツナ缶 … 小1/2缶（35g）
ゆで卵 … 1個
さやいんげん … 1本
ミニトマト … 3個
サラダ菜 … 8枚
A ┃ オリーブ油 … 大さじ1
 ┃ アンチョビー（フィレ、みじん切り）… 1枚分
 ┃ 白ワインビネガー … 大さじ1/2
 ┃ 塩、こしょう … 各少々

作り方
1 えびは殻をむく。ツナは缶汁をきる。ゆで卵、ミニトマトは縦4等分に切る。いんげんは熱湯で1分30秒ほどゆで、冷水にとって冷まし、3cm長さに切る。
2 容器にサラダ菜、1を入れ、食べるときにまぜ合わせたAをかける。

チキンココナッツミルクカレー

材料（1人分）
鶏もも肉 … 1/4枚（60g）
ゆでたけのこ … 20g
オクラ … 2本
A ┃ カレー粉、ナンプラー … 各小さじ2/3
 ┃ 塩 … ひとつまみ
 ┃ ココナッツミルク缶 … 1/4缶（100g）
 ┃ 水 … 1/4カップ
 ┃ 赤とうがらし（小口切り）… 1/2本
 ┃ にんにく（すりおろし）… 1/4かけ

作り方
1 鶏肉は余分な脂肪を除き、小さめの一口大に切る。たけのこはくし形切り、オクラはがくをむいて長さを半分に切る。
2 なべにAをまぜ、1を加えて中火にかけ、煮立ったらアクをとり、ときどき返しながら5分ほど煮る。スープジャーか電子レンジ対応の容器に入れる。

厚揚げともやしの中華スープ

材料（1人分）
厚揚げ … 50g
もやし … 1/4袋（50g）
小松菜 … 1/4束（50g）
味つきザーサイ（せん切り） … 10g
A ┃ 水 … 1と1/2カップ
　┃ 鶏ガラスープのもと、
　┃ 　しょうゆ … 各小さじ1
　┃ 塩、こしょう、ごま油
　┃ 　… 各少々
一味とうがらし … 少々

作り方

1. 厚揚げは小さめの一口大に切る。小松菜は4cm長さに切る。
2. なべにAをまぜ、中火で煮立てる。1、もやし、ザーサイを入れてしんなりとするまで煮る。容器に入れ、一味とうがらしを振る。

鶏とカリフラワーのチーズクリームスープ

材料（1人分）
鶏もも肉 … 50g
カリフラワー … 50g
セロリ … 小1/2本
パプリカ（黄） … 1/8個
A ┃ クリームチーズ … 20g
　┃ 牛乳 … 1/4カップ
　┃ 水 … 3/4カップ
　┃ 顆粒スープ … 小さじ1
　┃ 塩、こしょう … 各少々
バター … 10g

作り方

1. 鶏肉は小さめの一口大に切り、カリフラワーは小さめの小房に分ける。セロリは斜め薄切り、パプリカは小さめの一口大に切る。
2. 小なべにバターをとかし、鶏肉、セロリをいためる。肉の色が変わったらカリフラワー、パプリカを加え、全体に油が回るまでいためる。Aを加え、カリフラワーがやわらかくなるまで6分ほど煮る。
3. 容器に入れ、好みでパセリのみじん切りを振る。

79

ごはんもの

Rice

メイン級のおかずを1品、白いごはんにドーン！とのせるだけなら簡単。ささっと作れて豪華に見えるまぜずしやチャーハンも覚えておくと便利です。

ガッパオごはん

材料（1人分）
鶏ひき肉 … 80g
ピーマン … 1/3個
赤ピーマン … 1/3個
バジルの葉 … 3〜4枚
うずらの卵 … 1個
にんにく（みじん切り）、
　赤とうがらし（小口切り） … 各少々
A｜ナンプラー … 小さじ2
　｜オイスターソース … 少々
サラダ油 … 適量
ごはん … 茶わん1杯強

作り方
1　ピーマン、赤ピーマンは縦に細切りにする。バジルは手でちぎる。うずらの卵はフライパンにサラダ油少々を熱し、目玉焼きにする。
2　フライパンにサラダ油少々、にんにく、とうがらしを中火で熱し、香りが立ったらひき肉をいためる。肉の色が変わったら、ピーマンをいため合わせ、しんなりとしたらAで調味して、バジルを加え、さっといためる。
3　ごはん、2、目玉焼きを盛る。

鮭ときゅうりのまぜずし

材料（1人分）
甘塩鮭 … 1/2切れ（40g）
きゅうり … 1/2本
あたたかいごはん
　（かために炊いたもの） … 200g
塩昆布 … 5g
いり白ごま … 小さじ1
A｜酢 … 大さじ1
　｜砂糖 … 大さじ1/2
　｜塩 … ひとつまみ
塩 … 適量
甘酢しょうが … 適量

作り方
1　きゅうりは薄い小口切りにして塩少々を振り、ざっとまぜて5分ほどおいて水けをしぼる。
2　熱湯に1%の塩（熱湯2カップに塩小さじ1/2強）を入れ、鮭を入れる。弱めの中火で3分ほどゆで、水けをきってあら熱をとり、皮と骨を除いてほぐす。
3　あたたかいごはんにまぜ合わせたAを回し入れて切るようにまぜ、あら熱をとる。きゅうり、鮭、塩昆布、ごまをまぜる。容器に入れ、甘酢しょうがを添える。

照りチキ卵のっけ

材料（1人分）
鶏もも肉 … 大1/3枚（100g）
卵 … 1個
A｜みりん、砂糖 … 各小さじ1
　｜しょうゆ … 小さじ2
B｜酒、みりん、砂糖 … 各小さじ1
サラダ油 … 適量
ごはん … 茶わん1杯強
刻みのり、しば漬け … 各適量

作り方

1 卵は割りほぐし、Aをまぜ合わせる。フライパンにサラダ油少々を中火で熱し、卵液を流し入れ、菜箸でほぐしながら、いり卵を作る。

2 フライパンにサラダ油少々を中火で熱し、鶏肉の皮目を下にして入れる。3〜4分焼いてこんがりとしたら返し、ふたをして弱火で3分ほど蒸し焼きにする。まぜ合わせたBを加え、照りよくからめてそぎ切りにする。

3 ごはんにのりを散らしていり卵、鶏肉を盛り、しば漬けを添える。

ベーコンとアーモンドのナンプラーチャーハン

材料（1人分）
ベーコン（ブロック） … 40g
アーモンド … 20g
卵 … 1個
あたたかいごはん … 200g
A｜酒、ナンプラー … 各大さじ1/2
　｜砂糖 … 小さじ1/2
　｜塩、あらびき黒こしょう … 各少々
塩 … 少々
サラダ油 … 大さじ1

作り方

1 ベーコンは1cm角に切る。アーモンドはあらく刻む。卵は割りほぐして塩をまぜる。

2 フライパンにサラダ油大さじ1/2を強めの中火で熱し、卵液を流し入れ、半熟状になったらとり出す。

3 フライパンにサラダ油大さじ1/2を足してベーコンをいためる。こんがりとしたらアーモンドをいためる。あたたかいごはん、まぜ合わせたAを加え、ほぐしながらいため、卵を戻し入れてさっといためる。

Rice

バンバンジーのっけ

材料(1人分)
鶏ささ身 … 2本(100g)
きゅうり … 1/3本
ごま油 … 少々
ミニトマト … 1個
ごはん … 茶わん1杯強
塩、こしょう、酒 … 各少々
A ┃ ごまドレッシング(市販品) … 小さじ2
　┃ ねぎ(みじん切り) … 小さじ1
　┃ みそ、ラー油 … 各少々

作り方
1 ささ身は筋を除き、縦に切り込みを入れて厚みを開き、耐熱皿にのせる。塩、こしょう、酒を振り、ふんわりとラップをかけて電子レンジで1分30秒〜2分加熱する。蒸し汁の中で冷まし、手で裂く。
2 きゅうりは縦半分に切って、斜め薄切りにする。塩少々(分量外)を振り、軽くまぜて5分ほどおき、水けをきってごま油をからめる。ミニトマトはへたをとって半分に切る。
3 ごはんにきゅうり、蒸し鶏、ミニトマトを盛りつけ、食べるときにまぜ合わせたAをかける。

ささっとハヤシのっけ

材料(1人分)
牛切り落とし肉 … 50g
玉ねぎ … 1/8個
しめじ … 1/3パック
トマト … 小1個(80g)
塩、こしょう … 各適量
オリーブ油 … 少々
小麦粉 … 少々
A ┃ 水 … 1/4カップ
　┃ トマトケチャップ … 大さじ1と1/2
　┃ ウスターソース … 小さじ1
ごはん … 茶わん1杯強
パセリ(みじん切り) … 少々

作り方
1 牛肉は食べやすく切って塩、こしょう各少々を振る。玉ねぎは1cm厚さのくし形切りに、しめじは小房に分け、トマトは1cm角に切る。
2 フライパンにオリーブ油を中火で熱し、牛肉をいためる。肉の色が変わったら玉ねぎを加えていため、玉ねぎがしんなりとしたらしめじを入れてさっといためる。小麦粉を振り入れて粉っぽさがなくなるまでいため、トマト、Aを加え、3分ほど煮る。塩、こしょう各少々で味をととのえる。
3 ごはんに2をかけ、パセリを振る。

韓国風ピリ辛焼き肉のっけ

材料（1人分）
豚こまぎれ肉 … 40g
もやし … 1/5袋（40g）
にんじん … 4cm（40g）
ほうれんそう … 1株（20g）
A｜コチュジャン、ごま油 … 各小さじ1/2
　｜しょうゆ、砂糖 … 各少々
B｜ごま油、塩、こしょう … 各少々
サラダ油 … 少々
ごはん … 茶わん1杯強
いり白ごま … 少々

作り方
1. 豚肉にAをもみ込む。にんじんはせん切り、ほうれんそうは4cm長さに切る。
2. 熱湯に塩少々（分量外）を加え、もやし、にんじん、ほうれんそうをさっとゆでる。ざるに上げて水けをきり、Bで調味する。
3. フライパンにサラダ油を中火で熱し、豚肉をいためる。
4. ごはんに2、3を盛りつけ、ごまを振る。

ハニーマスタードチキンのカフェボウル

材料（1人分）
鶏もも肉 … 大1/3枚（100g）
塩、こしょう、小麦粉 … 各少々
A｜はちみつ、粒マスタード
　｜　… 各小さじ2
　｜レモン汁 … 小さじ1
　｜しょうゆ、塩 … 各少々
オリーブ油 … 少々
ごはん … 茶わん1杯強（180g）
リーフレタス、ミニトマト
　… 各適量

作り方
1. 鶏肉は一口大のそぎ切りにして、塩、こしょうを振り、小麦粉をまぶす。
2. フライパンにオリーブ油を中火で熱し、鶏肉の皮目を下にして並べ入れる。3分ほど焼いてこんがりとしたら返し、ふたをして弱火で3分ほど焼く。フライパンの余分な油をふきとり、まぜ合わせたAを加え、からめる。
3. ごはんに2、リーフレタス、4等分に切ったミニトマトを盛る。

めんべんとう

Noodles

中華めん、冷凍うどん、スパゲッティと、めんをかえればバラエティ豊か。具だくさんなら食べごたえはじゅうぶん。午後のやる気をチャージ。油分のあるソースをからめたり、食べるときにめんつゆをかけたりすれば、冷めてもめんはすぐほぐれます。

レンジ肉みそにら焼きそば

材料（1人分）
中華蒸しめん … 1玉
にら … 1/4束
豚ひき肉 … 80g
A
├ しょうが（すりおろし）… 1/4かけ
├ 赤みそ、酒 … 各小さじ2
├ 砂糖、ごま油 … 各小さじ1/2
└ 豆板醤 … 小さじ1/3
B
├ 酒 … 大さじ1/2
└ 塩、こしょう … 各少々
糸とうがらし … 適量

作り方
1 にらはかたい部分を切り落として5cm幅に切る。
2 耐熱ボウルにAをまぜ、さらにひき肉を加えてまぜる。中華蒸しめんを軽くほぐしてのせ、Bを振る。ふんわりとラップをかけ、電子レンジで3分ほど加熱する。
3 すぐにほぐしながらまぜ、熱いうちに、にらを加えてしんなりとするまでまぜる。容器に入れ、糸とうがらしをのせる。

えびと卵のエスニック焼きそば

材料（1人分）
中華蒸しめん … 1玉
むきえび … 70g
卵 … 1個
もやし … 1/3袋
にんにく（みじん切り）… 1かけ分
A
├ オイスターソース、砂糖 … 各小さじ2
├ ナンプラー、酢 … 各小さじ1/2
└ 塩、こしょう、赤とうがらし（小口切り）… 各少々
サラダ油 … 大さじ1/2

作り方
1 むきえびはあれば背わたをとって洗う。卵は割りほぐす。中華蒸しめんは耐熱皿にのせてふんわりとラップをかけ、電子レンジで1分30秒ほど加熱してほぐす。
2 フライパンにサラダ油、にんにくを入れて中火で熱し、香りが立ったらえびをいためる。色が変わったら、もやしを加えてさっといためる。
3 めん、まぜ合わせたAを加え、いため合わせる。卵を加え、さっといためる。

フレッシュトマトナポリタン

材料(1人分)
スパゲッティ … 80g
玉ねぎ … 1/8個
ピーマン … 1/2個
トマト … 1/2個(80g)
ロースハム … 2枚
A | トマトケチャップ … 大さじ3
　| 塩、こしょう … 各少々
塩 … 適量
オリーブ油 … 小さじ1

作り方
1 玉ねぎは薄切り、ピーマンは輪切り、トマトは1cm角に、ロースハムは放射状に切る。
2 たっぷりの熱湯に塩適量(熱湯1ℓに小さじ2弱)を加え、スパゲッティを表示時間より1分ほど短めにゆでる。途中、ゆで汁大さじ3をとり分ける。
3 フライパンにオリーブ油を中火で熱し、玉ねぎをいためる。透き通ってきたらピーマン、トマト、ハムを加えてさっといためる。スパゲッティ、ゆで汁、Aを加え、汁けがなじむまでいためる。好みできゅうりのピクルスを添える。

目玉焼きつき焼きうどん

材料(1人分)
冷凍うどん … 1玉
豚こまぎれ肉 … 60g
キャベツ … 2枚(100g)
卵 … 1個
A | 中濃ソース … 大さじ1 1/2
　| オイスターソース … 大さじ1/2
　| あらびき黒こしょう … 少々
塩、こしょう … 各少々
サラダ油 … 小さじ2
あらびき黒こしょう … 適量

作り方
1 キャベツは1枚を4等分程度に切ってから1cm幅の細切りにする。豚肉は塩、こしょうを振る。冷凍うどんは表示どおりに電子レンジで加熱する。
2 フライパンにサラダ油小さじ1を強めの中火で熱し、卵を割り入れる。縁がしっかりとこんがりとしたら上下を返して火が通るまで焼き、とり出す。
3 2のフライパンにサラダ油小さじ1を足して中火で熱し、豚肉をいためる。肉の色が変わったらキャベツを加え、しんなりとするまでいためる。うどんを加え、ほぐしながらいためる。Aを加え、いため合わせる。容器に入れ、2をのせ、黒こしょうを振る。

豚しゃぶわかめサラダうどん

材料（1人分）
冷凍うどん … 1玉
豚肉（しゃぶしゃぶ用） … 60g
カットわかめ … ひとつまみ
レタス … 2枚（60g）
A ┃ めんつゆ（3倍濃縮タイプ） … 大さじ2 1/2
  ┃ 冷水 … 2/3カップ
  ┃ 酢 … 大さじ1
塩 … 少々
ゆで卵 … 1/2個
しば漬け、いり白ごま … 各適量

作り方
1 【前日】ファスナーつき保存袋（Sサイズ）にAをまぜ合わせ、バットなどにのせて冷凍する。
2 カットわかめはたっぷりの水に5分ほどひたしてもどし、水けをしぼる。レタスは5mm幅の細切りにする。
3 たっぷりの熱湯に塩を加えて豚肉を弱めの中火でさっとゆで、冷ます。同じ熱湯で冷凍うどんを表示どおりにゆで、冷水でぬめりをとって水けをよくきる。
4 うどん、レタスをまぜて容器に入れ、豚肉、わかめ、半分に切ったゆで卵をのせ、しば漬けを添え、ごまを振る。1を保冷剤がわりにのせて持っていき、食べるときにうどんにかける。

凍らせたつゆは保冷剤がわりに！ランチタイムには自然解凍

ソーセージときのこのバターじょうゆパスタ

材料（1人分）
スパゲッティ … 80g
ウインナソーセージ … 2本
玉ねぎ … 1/4個
まいたけ … 1/2パック
にんにく（薄切り） … 1/2かけ
A ┃ バター … 10g
  ┃ しょうゆ … 大さじ1
  ┃ 塩、こしょう … 各少々
塩 … 適量
オリーブ油 … 小さじ1

作り方
1 ウインナは斜め薄切り、玉ねぎは横に1cm厚さに切る。まいたけは小房に分ける。
2 たっぷりの熱湯に塩適量（熱湯1ℓに小さじ2弱）を加え、スパゲッティを表示時間より1分ほど短めにゆでる。途中、ゆで汁大さじ3をとり分ける。
3 フライパンにオリーブ油、にんにくを入れて中火で熱し、1をいためる。玉ねぎが透き通ってきたら、スパゲッティ、ゆで汁、Aを加えていためる。好みでトマトやチーズを添えても。

パンべんとう

bread

見た目も味もお店みたいなサンドやトースト。実はおうちでも簡単！ 食事になる、具だくさんのサンドイッチは、パン好きにはたまらないごちそう。

ツナフレンチトースト

材料（1人分）
食パン（6枚切り） … 1枚
ツナ缶 … 1缶（70g）
A ┃ 玉ねぎ（みじん切り） … 大さじ1/2
　┃ マヨネーズ … 大さじ1
　┃ 塩、こしょう … 各少々
B ┃ とき卵 … 1個分
　┃ 牛乳 … 大さじ3
　┃ 砂糖 … 大さじ1
バター … 10g

作り方
1 食パンは半分に切り、切り口にポケット状に切り込みを入れる。ツナの缶汁をきってAとまぜ合わせ、パンに詰める。
2 バットにBをまぜ合わせ、パンを並べ入れ、卵液がほとんどなくなるまで10分ほどひたす。途中上下を返す。
3 フライパンにバターを入れて、弱火でとかし、2を並べ入れる。両面焼き色がつくまで焼き、4等分に切る。好みでブルーベリーを添える。

卵焼きサンド

材料（2切れ分）
食パン（6枚切り） … 2枚
とき卵 … 4個分
ホールコーン缶 … 大さじ3
ピザ用チーズ … 30g
サラダ菜 … 6枚
マヨネーズ、トマトケチャップ … 各大さじ1
A ┃ 塩 … ひとつまみ
　┃ こしょう … 少々
バター … 10g

作り方
1 食パンを2枚一組にし、内側になる面にマヨネーズ、ケチャップを順に塗る。とき卵、缶汁をきったコーン、ピザ用チーズ、Aをまぜる。
2 フライパンにバターを中火でとかし、卵液を流し入れる。大きくまぜ、半熟状になったらおおよそ食パンのサイズにまとめて焼き、とり出す。
3 パンに2、サラダ菜の順に重ねてはさむ。ワックスペーパーで包み、半分に切る。

蒸し鶏と野菜の極厚サンド

材料（2切れ分）
食パン（6枚切り）… 2枚
鶏ささ身（筋なし）… 2本（100g）
A ┃ 塩 … 小さじ1/4
  ┃ 白ワイン（なければ酒）
  ┃   … 大さじ1/2
  ┃ こしょう … 少々
紫キャベツ
   … 1/8個（130g）
塩 … 小さじ1/4
レタス … 2枚
B ┃ オリーブ油 … 小さじ1
  ┃ レモン汁 … 小さじ1/2
  ┃ 塩 … ひとつまみ
  ┃ こしょう … 少々
C ┃ マヨネーズ … 大さじ1
  ┃ ねりがらし … 小さじ1/3

作り方

1 ささ身は耐熱皿にのせ、Aを振ってふんわりとラップをかける。電子レンジで1分20秒ほど加熱する。そのまま冷まし、手でこまかくほぐす。

2 紫キャベツはせん切りにし、塩を振ってさっとまぜ、5分ほどおいて水けをしぼり、Bとあえる。レタスはパンのサイズに合わせてちぎる。

3 食パンを2枚一組にし、内側になる面にCを塗り、紫キャベツ、ささ身、レタスをはさむ。ワックスペーパーで包んで半分に切る。

和風タラモバターロール

材料（2個分）
バターロール … 2個
じゃがいも … 1個（150g）
たらこ（ほぐす）… 大さじ1と1/2
A ┃ マヨネーズ … 大さじ1と1/2
  ┃ 塩、こしょう … 各少々
焼きのり、リーフレタス … 各適量

作り方

1 じゃがいもは皮つきのままラップで包み、電子レンジで3分ほど加熱する。皮をむいてつぶして冷まし、A、たらこをまぜる。

2 バターロールは切り込みを入れ、ちぎったリーフレタス、焼きのり、1をはさむ。

りんご、カマンベール、生ハムのカスクルート

材料（1人分）
バゲット … 15cm
生ハム … 30g
りんご（薄い半月切り）… 5切れ
カマンベールチーズ … 1/4個
はちみつ、あらびき黒こしょう … 各適量

作り方
1 バゲットは横から切り込みを入れる。チーズは3〜4等分の放射状に切る。
2 バゲットにりんご、生ハム、チーズをはさみ、はちみつ、黒こしょうをかける。

サーモンサンド

材料（1人分）
食パン（6枚切り）… 2枚
スモークサーモン … 5切れ
リーフレタス、ディル … 合わせて50g
紫玉ねぎ … 1/8個
クリームチーズ（室温にもどす）… 40g
粒マスタード … 小さじ1と1/2

作り方
1 リーフレタスはパンのサイズに合わせてちぎる。ディルは葉先をつむ。
2 紫玉ねぎは5mm厚さに切る。
3 食パンを2枚一組にし、内側になる面にクリームチーズ、粒マスタードを塗る。リーフレタス、ディル、スモークサーモン、紫玉ねぎをはさんで食べやすく切り、好みでライム、オレンジ、ディルを添える。

Column 4

詰めるだけ！ すきまうめ食材カタログ

枝豆

さやのほどよいかたさと、細長い形がすきまにぴったり。冷凍なら解凍するだけですぐ使える便利食材。

オリーブ

表面にハリがあり、多少おかずに押されても大丈夫。ブラックでもグリーンでも好みでOK。

ナッツ類

かたくて小粒のナッツはすきまに柔軟。サクサクとした食感はおべんとうのアクセントにもなる。

レタス

おべんとうの名わき役。すきまに合わせてちぎって使え、彩りもよく、栄養もとれる。

ゆで野菜

ほうれんそうやブロッコリー、オクラ、アスパラ、しめじなど、さっとゆでて冷蔵保存。つめるだけでおべんとうが色あざやかに。

おべんとう箱の中でおかずが片寄らないように、すきまをつくらないのが大原則。
ちょっとしたすきまをうめてくれる、小回りのきく食材を紹介。いつもどれかをストックしておきましょう。

ハム

切り方をアレンジしたり、野菜に巻いたりと、すきまのサイズに合わせた使いみちはいろいろ。

生ハム／スモークサーモン

すきまうめ食材としては一見頼りなさそうでも、くるくると巻けば一気に安定感アップ。野菜やクリームチーズなどと巻いても◎。

きゅうり

斜め薄切りやスティック状など、すきまに合わせた切り方が自在。さっぱりとして箸休めになる。

ラディッシュ

小さく丸みのある形状がすきまにフィットしやすい。表面があざやかな紅色で1個あるとぐっと華やか。

ゆで卵・うずらの卵

適度なかたさと弾力のある白身が、すきまうめにひと役。半分に切れば白×黄のカラーでにぎやかになる。

チーズ

包装された一口サイズなら、ほかのおかずへの味移りの心配なし。手軽なたんぱく質補給にもなる。

材料別INDEX

肉・肉加工品

豚肉

カレーポークサラダ …… 77
韓国風ピリ辛焼き肉のっけ …… 83
中華ゆで豚 …… 54
パプリカ肉巻き …… 53
豚こまとキャベツの塩昆布いため …… 53
豚こまの梅いため …… 52
豚こまのダブルしょうが焼き …… 51
豚しゃぶわかめサラダうどん …… 86
豚肉ともやしの黒こしょういため …… 54
豚肉のイタリアンカツ …… 51
豚肉のカレーいため …… 50
豚肉のキムチーズサンドフライ …… 52
豚肉のくるくるのり照り焼き …… 50
豚肉のコチュジャン煮 …… 54
豚肉の山椒じょうゆソテー …… 50
豚肉のとろみ煮 …… 53
豚肉の南蛮漬け …… 55
豚肉のハニーみそ漬け …… 50
豚肉のマスタードマヨソテー …… 55
豚のアスパラ梅のり巻き …… 55
豚のから揚げ …… 51
豚バラ卵いため …… 51
豚バラとアスパラのくし焼き …… 54
豚バラとかぼちゃの甘みそ蒸し …… 55
豚バラと切り干し大根のいため煮 …… 52
紅しょうがの肉巻きおにぎり …… 18
ポークチャップ …… 53
ポークビーンズ …… 52

鶏肉

キャロットドレッシングのチキンサラダ …… 77
ささ身のオニオン照り焼き …… 58
ささ身ロールフライ …… 59
スイートチリチキン …… 56
スティックのりから揚げ …… 57
スペアリブの黒酢煮 …… 59
スペアリブのペッパーグリル …… 59
チキンココナッツミルクカレー …… 78
チキンの中華ケチャップいため …… 57
チキンのピザカップ …… 59
照りチキ卵のっけ …… 81
トースタータンドリーチキン …… 58
鶏とうずら卵の酢じょうゆ煮 …… 58
鶏とカリフラワーのチーズクリームスープ …… 79
鶏肉となすのごまみそいため …… 58
鶏肉のコチュジャン照り焼き …… 57
鶏の塩麹漬け焼き …… 56
鶏のふっくらカレーから揚げ …… 56
ハニーバルサミコチキン …… 57
ハニーマスタードチキン …… 56
ハニーマスタードチキンのカフェボウル …… 83
バンバンジーのっけ …… 82
蒸し鶏と野菜の極厚サンド …… 88

牛肉

牛肉と根菜のこっくりいため …… 61
牛肉とパプリカのエスニックいため …… 61
牛肉のうずら巻き照り焼き …… 60
牛肉のピリ辛野菜ロール …… 60
ささっとハヤシのっけ …… 82
塩肉じゃが …… 61
チャプチェ …… 60
プルコギ風いため …… 60
レンジ牛すき煮風 …… 61

ひき肉

オクラと豆のレンジサブジ …… 65
ガッパオごはん …… 80
かぼちゃのレンジそぼろ煮 …… 64
しいたけのチーズつくね焼き …… 62
信田巻き …… 65
スティック枝豆揚げ …… 63
チキンナゲット …… 64
トースター枝豆のし鶏 …… 62
肉だんごの甘酢あん …… 62
ねぎ塩しそつくね …… 65
ピーマンエッグ …… 62
ひき肉ととうふののりかば焼き …… 64
ひき肉にらいため …… 64
フライパン蒸しシューマイ …… 65
ミートオムレツ …… 63
れんこんつくね …… 63
レンジ肉みそにら焼きそば …… 84
レンジバーグ …… 63

ウインナソーセージ

糸こんにゃくとウインナのケチャップいため …… 43
ウインナとキャベツのソースいため …… 15
ウインナドッグ …… 72
ウインナのくし焼き …… 15
ウインナのピザ風 …… 15
うさぎウインナ …… 73
ソーセージときのこのバターじょうゆパスタ …… 86
バジルレモンソーセージ …… 15
パプリカとソーセージのケチャップいため …… 27

ハム

キャベツとハムのレモンコールスロー …… 29
キャベツハムチーズロール …… 31
にんじんとハムのマリネ …… 25
白菜とハムの中華クリーム煮 …… 38
ハムきゅうロール …… 29
ハムチー青じそサンド …… 72

ベーコン

アスパラベーコンロール …… 28
かじきのベーコン巻きソテー …… 69
キャベツとベーコンのマスタードいため …… 29
じゃがいもとベーコンのチリいため …… 27
大根とベーコンのペッパーいため …… 39
ベーコンとアーモンドのナンプラーチャーハン …… 81
ベーコンとビーツのチョップドサラダ …… 76
ミニトマトのベーコン巻き …… 25

ヤングコーンとベーコンのソテー …… 35

その他肉加工品

じゃがいもとコンビーフのソースいため …… 44
りんご、カマンベール、生ハムのカスクルート …… 89

魚介・魚加工品・ねり製品

あじ

あじの青のりフライ …… 66

かじき

かじきといんげんのオイスターいため …… 68
かじきのしょうが照り焼き …… 68
かじきのベーコン巻きソテー …… 69

かつお

かつおのしょうが煮 …… 69

鮭・サーモン

サーモンサンド …… 89
鮭クロケット …… 67
鮭ときゅうりのまぜずし …… 80
鮭のチーズ焼き …… 66
鮭のみりんじょうゆ焼き …… 69
鮭の焼き南蛮 …… 66
照りマヨ鮭バーグ …… 67
フライパンゆで鮭 …… 68

さば

さばのカレーソテー …… 69

さんま

さんまのかば焼き …… 66

たら

たらのみそしょうがマヨ焼き …… 68

ぶり

ぶりの竜田揚げ …… 67

まぐろ

まぐろのガーリックステーキ …… 67

えび

えびとカリフラワーのクリーム煮 …… 70
えびと卵のエスニック焼きそば …… 84
えびと卵のチリソース …… 71
えびとブロッコリーの塩いため …… 70
えびのニース風サラダ …… 78
えびフライ …… 70
えびマヨ …… 71

いか

いかとセロリの塩いため …… 71
いかと大根の甘辛いため …… 71
いかと玉ねぎのかき揚げ …… 70

ツナ缶
カップツナマヨコーン焼き …… 32
かぶとツナのさっと中華煮 …… 39
切り干し大根とツナのからしマヨ …… 38
ごぼうとツナの焼き肉風味 …… 42
ツナと豆のトマト煮 …… 26
ツナのピカタおにぎり …… 19
ツナフレンチトースト …… 87
豆苗とツナのしょうが塩いため …… 30
にんじんとツナのきんぴら …… 24
ミニトマトとツナのごまマヨあえ …… 27

ほたて缶
セロリとほたてのレンジいため …… 40
白菜とほたてのゆずこしょうサラダ …… 40

かに風味かまぼこ
かにかま揚げ …… 26
かにかまとセロリの中華あえ …… 27
かにかまと大根のコチュジャン煮 …… 26
かにかまの大根ロール …… 41

からし明太子・たらこ
ザーサイ明太子おにぎり …… 19
たらこスクランブルエッグ …… 12
たらこと卵のふりかけ …… 47
明太卵焼き …… 11
和風タラモバターロール …… 88

魚肉ソーセージ
大根の魚肉ソーセージロール …… 40

鮭フレーク
鮭とおかかのふりかけ …… 47
鮭の野沢菜巻きおにぎり …… 18
鮭フレークポテサラ …… 25
鮭マヨ七味おにぎり …… 18

さくらえび
さくらえびと揚げ玉のまぜごはん …… 46

しらす干し・ちりめんじゃこ
いんげんのじゃこ煮 …… 30
しば漬けとじゃこのまぜごはん …… 46
セロリとじゃこのつくだ煮 …… 47
ちりめんごぼうつくだ煮 …… 43
ちりめん山椒おにぎり …… 19
ねぎしらす卵焼き …… 11
ブロッコリーのごまじゃこあえ …… 17

かまぼこ
かまぼこサンド …… 41
かまぼこハーブピカタ …… 35
ひらひらかまぼこのごま中華あえ …… 40

ちくわ
ちくわとコーンのバターいため …… 35
ちくわのおかか揚げ玉煮 …… 45
ちくわのかば焼き …… 43

はんぺん
はんぺんのコーンマヨ焼き …… 32
はんぺんフライ …… 41

卵・乳製品

卵
青のりチーズ卵焼き …… 11
えびと卵のエスニック焼きそば …… 84
えびと卵のチリソース …… 71
貝割れ卵いため …… 13
カップココット …… 12
カップスフレキッシュ …… 32
基本の卵焼き …… 11
ケチャップ照り焼き半月卵 …… 12
スタッフドエッグ …… 13
即席めんつゆ味玉 …… 12
卵焼きサンド …… 87
たらこスクランブルエッグ …… 12
たらこと卵のふりかけ …… 47
タルタルサラダ …… 13
ツナのピカタおにぎり …… 19
照りチキ丼ののっけ …… 81
にんにくみそ味玉 …… 13
ねぎしらす卵焼き …… 11
ビーツ色のゆで卵 …… 37
ピーマンエッグ …… 62
豚バラ卵いため …… 51
ミートオムレツ …… 63
目玉焼きつき焼きうどん …… 85
明太卵焼き …… 11

うずらの卵
うずら卵のジャムソース漬け …… 45
うずらのチーズ目玉焼き …… 33
うずらのチリソース …… 25
カラフルうずら …… 73
牛肉のうずら巻き照り焼き …… 60
鶏とうずら卵の酢じょうゆ煮 …… 58

チーズ
油揚げの梅チーサンド …… 44
ウインナドッグ …… 72
ウインナのピザ風 …… 15
キャベツハムチーズロール …… 31
鮭のチーズ焼き …… 66
さつまいもとチーズのマスタードサラダ …… 36
しいたけのチーズつくね焼き …… 62
スタッフドエッグ …… 13
そら豆のクリームチーズあえ …… 30
チーズおかかおにぎり …… 19
チーズポテト …… 40
チキンのピザカップ …… 59
鶏とカリフラワーのチーズクリームスープ …… 79
ナッツ&チーズのゆかりまぜごはん …… 46
ハムチー青じそサンド …… 72
ビーツクリームチーズ …… 37
豚肉のキムチーズサンドフライ …… 52
プチカプレーゼ …… 72

ミニトマトとカッテージチーズのサラダ …… 35
ミニトマトのおかかチーズあえ …… 27
りんご、カマンベール、生ハムのカスクルート …… 89

大豆製品

とうふ
いためどうふとひじきのチョップドサラダ …… 76
ひき肉ととうふののりかば焼き …… 64

厚揚げ・油揚げ
厚揚げともやしの中華スープ …… 79
厚揚げのいそべ焼き …… 44
油揚げの梅チーサンド …… 44
小松菜とお揚げのさっと煮 …… 29
信田巻き …… 65
大根葉と油揚げのしっとりふりかけ …… 47
パプリカと油揚げのレンジ煮びたし …… 25
ピーマンと油揚げのレンジ煮びたし …… 31

乾物・その他

乾物
いためどうふとひじきのチョップドサラダ …… 76
切り干し大根と塩昆布のポン酢いため …… 45
切り干し大根とツナのからしマヨ …… 38
切り干し大根の中華サラダ …… 38
大豆と昆布の煮物 …… 45
チャプチェ …… 60
ひじきオニオンサラダ …… 45
ひじきとしらたきの甘みそ煮 …… 42
ひじきとれんこんのピリ辛サラダ …… 43
ひじきポテ焼き …… 44
豚バラと切り干し大根のいため煮 …… 52

こんにゃく・しらたき
糸こんにゃくとウインナのケチャップいため …… 43
こんにゃくのおかか煮 …… 43
こんにゃくのしょうが焼き …… 42
しらたきの明太いため …… 26
ひじきとしらたきの甘みそ煮 …… 42
レンジ牛すき煮風 …… 61

豆類
オクラと豆のレンジサブジ …… 65
じゃがいもとひよこ豆のサラダ …… 38
大豆と昆布の煮物 …… 45
ツナと豆のトマト煮 …… 26
ポークビーンズ …… 52
レッドキドニーのオニオンマリネ …… 36

梅干し
油揚げの梅チーサンド …… 44
梅昆布おにぎり …… 18
豚こまの梅いため …… 52
豚のアスパラ梅のり巻き …… 55
ブロッコリーの梅マヨあえ …… 17

漬け物
エリンギとザーサイのピリ辛いため …… 43
ごまたくあんおにぎり …… 19
ザーサイ明太子おにぎり …… 19
鮭の野沢菜巻きおにぎり …… 18
しば漬けとじゃこのまぜごはん …… 46
しば漬けポテサラ …… 36
たくあんともやしのごまいため …… 32
タルタルサラダ …… 13
パプリカとザーサイの中華いため …… 26
豚肉のキムチーズサンドフライ …… 52
紅しょうがの肉巻きおにぎり …… 18

その他
青のりチーズ卵焼き …… 11
あじの青のりフライ …… 66
オリーブフライ …… 44
かぼちゃのナッツサラダ …… 35
カラフルうずら卵 …… 73
さつまいもとアーモンドのソテー …… 36
チキンココナッツミルクカレー …… 78
チンゲンサイとメンマのごま酢あえ …… 31
ナッツ&チーズのゆかりまぜごはん …… 46
にんじんなめたけ煮 …… 24
にんじんのナッツサラダ …… 24
ブロッコリーとくるみのソテー …… 17
ベーコンとアーモンドのナンプラーチャーハン …… 81
ゆかり青のりおにぎり …… 18
ゆかり大根 …… 37

野菜

青じそ
ねぎ塩しそつくね …… 65
ハムチー青じそサンド …… 72

枝豆
スティック枝豆揚げ …… 63
トースター枝豆のし鶏 …… 62
焼き枝豆 …… 31

オクラ
オクラと豆のレンジサブジ …… 65

かぶ
かぶとツナのさっと中華煮 …… 39
かぶのガーリックレモンバターソテー …… 39
かぶのピリ辛塩もみ …… 40

かぼちゃ
かぼちゃのチーズグリル …… 34
かぼちゃのナッツサラダ …… 35
かぼちゃのみそマヨサラダ …… 33
かぼちゃの蒸し煮 …… 34
かぼちゃのレンジそぼろ煮 …… 64
コーンとかぼちゃの茶巾包み …… 34
豚バラとかぼちゃの甘みそ蒸し …… 55

カリフラワー
えびとカリフラワーのクリーム煮 …… 70
カリフラワーのカレーマスタードあえ …… 33
カリフラワーのハーブマリネ …… 41
鶏とカリフラワーのチーズクリームスープ …… 79

絹さや
絹さやグラッセ …… 28

きのこ
エリンギとザーサイのピリ辛いため …… 43
エリンギとヤングコーンのバターじょうゆ焼き …… 42
しいたけとにんじんのいため煮 …… 45
しいたけとねぎのオイスターいため …… 42
しいたけのチーズつくね焼き …… 62
しいたけのマヨ照り焼き …… 42
ソーセージときのこのバターじょうゆパスタ …… 86

キャベツ
ウインナとキャベツのソースいため …… 15
キャベツとハムのレモンコールスロー …… 29
キャベツとベーコンのマスタードいため …… 29
キャベツハムチーズロール …… 31
豚こまとキャベツの塩昆布いため …… 53

きゅうり
きゅうりの昆布ポン酢漬け …… 28
鮭ときゅうりのまぜずし …… 80
ハムきゅうロール …… 29
ミニトマきゅうりサンド …… 73

グリーンアスパラガス
アスパラのペペロンいため …… 28
アスパラベーコンロール …… 28
豚のアスパラ梅のり巻き …… 55
豚バラとアスパラのくし焼き …… 54

ゴーヤー
ゴーヤーのおかかチャンプルー …… 30

ごぼう
牛肉と根菜のこっくりいため …… 61
ごぼうとツナの焼き肉風味 …… 42
ちりめんごぼうつくだ煮 …… 43

小松菜
小松菜とお揚げのさっと煮 …… 29

さつまいも
ささっと大学いも …… 33
さつまいもとアーモンドのソテー …… 36
さつまいもとチーズのマスタードサラダ …… 36
さつまいものはちみつレモン煮 …… 33
さつまいものマーマレード煮 …… 37

里いも
里いものあっさり煮 …… 39
里いもの黒ごまあえ …… 44

さやいんげん
いんげんのじゃこ煮 …… 30
いんげんのみそマヨあえ …… 31
かじきといんげんのオイスターいため …… 68

ししとうがらし
ししとうのしょうがじょうゆいため …… 28

じゃがいも
牛肉のピリ辛野菜ロール …… 60
鮭クロケット …… 67
鮭フレークポテサラ …… 25
塩肉じゃが …… 61
しば漬けポテサラ …… 36
じゃがいもとコンビーフのソースいため …… 44
じゃがいもとひよこ豆のサラダ …… 38
じゃがいもとベーコンのチリいため …… 27
チーズポテト …… 40
ひじきポテト焼き …… 44
ブロッコリーポテサラ …… 29
ペッパーカレーポテト …… 35
マッシュポテト …… 41
和風タラモバターロール …… 88

ズッキーニ
ズッキーニのオリーブオイル焼き …… 28

セロリ
いかとセロリの塩いため …… 71
かにかまとセロリの中華あえ …… 27
セロリとじゃこのつくだ煮 …… 47
セロリとほたてのレンジいため …… 40
セロリのうま塩いため …… 30

そら豆
そら豆のクリームチーズあえ …… 30

大根
いかと大根の甘辛いため …… 71
かにかまと大根のコチュジャン煮 …… 26
かにかまの大根ロール …… 41
大根とベーコンのペッパーいため …… 39
大根のいためナムル …… 38
大根の梅ごまあえ …… 26
大根の魚肉ソーセージロール …… 40
大根葉と油揚げのしっとりふりかけ …… 47
ゆかり大根 …… 37

玉ねぎ
いかと玉ねぎのかき揚げ …… 70
ささ身のオニオン照り焼き …… 58
レッドキドニーのオニオンマリネ …… 36
れんこんと玉ねぎのさっぱりサラダ …… 39

チンゲンサイ
チンゲンサイとメンマのごま酢あえ …… 31

豆苗
豆苗とツナのしょうが塩いため …… 30

とうもろこし・ホールコーン
カップツナマヨコーン焼き …… 32
カレーコーンまぜごはん …… 46
コーンとかぼちゃの茶巾包み …… 34
ちくわとコーンのバターいため …… 35
とうもろこしのカレー酢漬け …… 34
はんぺんのコーンマヨ焼き …… 32
ほうれんそうとコーンのバターソテー …… 29

トマト
フレッシュトマトナポリタン …… 85

なす
鶏肉となすのごまみそいため …… 58

にら
ひき肉にらいため …… 64
レンジ肉みそにら焼きそば …… 84

にんじん
キャロットドレッシングのチキンサラダ …… 77
牛肉のピリ辛野菜ロール …… 60
しいたけとにんじんのいため煮 …… 45
にんじんとツナのきんぴら …… 24
にんじんとハムのマリネ …… 25
にんじんとレーズンのレンジ煮 …… 24
にんじんなめたけ煮 …… 24
にんじんのナッツサラダ …… 24

ねぎ
しいたけとねぎのオイスターいため …… 42
ねぎ塩しそつくね …… 65
ねぎしらす卵焼き …… 11

白菜
白菜とハムの中華クリーム煮 …… 38
白菜とほたてのゆずこしょうサラダ …… 40
白菜の軸のピリ辛漬け …… 39

パプリカ
牛肉とパプリカのエスニックいため …… 61
パプリカと油揚げのレンジ煮びたし …… 25
パプリカとザーサイの中華いため …… 26
パプリカとソーセージのケチャップいため …… 27
パプリカ肉巻き …… 53
パプリカのみそしょうがいため …… 32
パプリカのレンジピクルス …… 34
パプリカピーナッツきんぴら …… 25
パプリカマカロニサラダ …… 32

ピーマン・赤ピーマン
ピーマンエッグ …… 62
ピーマンと油揚げのレンジ煮びたし …… 31
ピーマンのごま中華あえ …… 31
焼きピーマンのしょうがポン酢漬け …… 24

ビーツ
ビーツ色のゆで卵 …… 37
ビーツクリームチーズ …… 37
ベーコンとビーツのチョップドサラダ …… 76

ブロッコリー
えびとブロッコリーの塩いため …… 70
ブロッコリーとくるみのソテー …… 17
ブロッコリーの梅マヨあえ …… 17
ブロッコリーのおかかあえ …… 17
ブロッコリーのごまじゃこあえ …… 17
ブロッコリーポテサラ …… 29

ほうれんそう
のり巻きほうれんそう …… 30
ほうれんそうとコーンのバターソテー …… 29

ミニトマト
プチカプレーゼ …… 72
ミニトマきゅうりサンド …… 73
ミニトマトとカッテージチーズのサラダ …… 35
ミニトマトとツナのごまマヨあえ …… 27
ミニトマトのおかかチーズあえ …… 27
ミニトマトのベーコン巻き …… 25
ミニトマトのマリネ …… 24

みょうが
みょうがの甘酢漬け …… 37

紫キャベツ
蒸し鶏と野菜の極厚サンド …… 88
紫キャベツのマリネ …… 37

紫玉ねぎ
サーモンサンド …… 89
ひじきオニオンサラダ …… 45
紫玉ねぎのレンジピクルス …… 36

もやし
厚揚げともやしの中華スープ …… 79
たくあんともやしのごまいため …… 32
豚肉ともやしの黒こしょういため …… 54

ヤングコーン
エリンギとヤングコーンのバターじょうゆ焼き …… 42
ヤングコーンとベーコンのソテー …… 35
ヤングコーンのおひたし …… 33

ラディッシュ
ラディッシュのナムル …… 36

れんこん
牛肉と根菜のこっくりいため …… 61
花れんこんの甘酢漬け …… 41
ひじきとれんこんのピリ辛サラダ …… 43
れんこんつくね …… 63
れんこんと玉ねぎのさっぱりサラダ …… 39

レタス・サニーレタス・サラダ菜
えびのニース風サラダ …… 78
カレーポークサラダ …… 77
ベーコンとビーツのチョップドサラダ …… 76
蒸し鶏と野菜の極厚サンド …… 88

りんご・レモン
はちみつレモン漬け …… 34
りんご、カマンベール、生ハムのカスクルート …… 89

ごはん・めん・パン

ごはん
梅昆布おにぎり …… 18
ガッパオごはん …… 80
カレーコーンまぜごはん …… 46
韓国風ピリ辛焼き肉のっけ …… 83
ごま桜おにぎり …… 19
ごまたくあんおにぎり …… 19
ザーサイ明太子おにぎり …… 19
さくらえびと揚げ玉のまぜごはん …… 46
鮭ときゅうりのまぜずし …… 80
鮭の野沢菜巻きおにぎり …… 18
鮭マヨ七味おにぎり …… 18
ささっとハヤシのっけ …… 82
雑穀塩おにぎり …… 18
しば漬けとじゃこのまぜごはん …… 46
チーズおかかおにぎり …… 19
ちりめん山椒おにぎり …… 19
ツナのピカタおにぎり …… 19
照りチキ卵のっけ …… 81
ナッツ&チーズのゆかりまぜごはん …… 46
ハニーマスタードチキンのカフェボウル …… 83
バンバンジーのっけ …… 82
ベーコンとアーモンドのナンプラーチャーハン …… 81
紅しょうがの肉巻きおにぎり …… 18
ゆかり青のりおにぎり …… 18

めん・パスタ
えびと卵のエスニック焼きそば …… 84
ソーセージときのこのバターじょうゆパスタ …… 86
ナポリタンサラダ …… 27
豚しゃぶわかめサラダうどん …… 86
フレッシュトマトナポリタン …… 85
目玉焼きつき焼きうどん …… 85
レンジ肉みそにら焼きそば …… 84

マカロニ
クリームマカロニ …… 38
パプリカマカロニサラダ …… 32

パン
サーモンサンド …… 89
卵焼きサンド …… 87
ツナフレンチトースト …… 87
蒸し鶏と野菜の極厚サンド …… 88
りんご、カマンベール、生ハムのカスクルート …… 89
和風タラモバターロール …… 88

料理

市瀬悦子 (いちせえつこ)

料理研究家。食品メーカーの営業を経て、料理の世界へ。料理研究家のアシスタントを経て独立。「おいしくて、作りやすい家庭料理」をテーマに、テレビ、雑誌、書籍など幅広い分野で活躍中。著書に『あれこれしない！「だけレシピ」』『ほぼ10分べんとう』（ともに主婦の友社）、『こんがり偏愛レシピ 焼き目がごちそう！ 香ばしさが調味料!!』（グラフィック社）など多数。
公式サイト http://e-ichise.com

Staff

ブックデザイン／GRiD
表紙・扉・巻頭・その他新規料理の撮影／原ヒデトシ
本文撮影／白根正治　山田洋二　主婦の友社
スタイリング／坂上嘉代
調理アシスタント／是永彩江夏　織田真理子
取材・編集協力／和田康子
編集アシスタント／川名優花
編集／中野桜子
編集デスク／山口香織（主婦の友社）

撮影協力／UTUWA

おべんとうの小さなおかずカタログ300

2019年11月30日　第1刷発行

著　者　市瀬悦子（いちせえつこ）
発行者　矢﨑謙三
発行所　株式会社主婦の友社
　　　　〒112-8675
　　　　東京都文京区関口1-44-10
　　　　電話03-5280-7537（編集）03-5280-7551（販売）
印刷所　大日本印刷株式会社

■本書の内容に関するお問い合わせ、また、印刷・製本など製造上の不良がございましたら、主婦の友社（電話03-5280-7537）にご連絡ください。
■主婦の友社が発行する書籍・ムックのご注文は、お近くの書店か主婦の友社コールセンター（電話0120-916-892）まで。
＊お問い合わせ受付時間　月～金（祝日を除く）9：30～17：30
主婦の友社ホームページ　https://shufunotomo.co.jp/

©Etsuko Ichise 2019 Printed in Japan
ISBN978-4-07-440153-6

Ⓡ本書を無断で複写複製（電子化を含む）することは、著作権法上の例外を除き、禁じられています。本書をコピーされる場合は、事前に公益社団法人日本複製権センター（JRRC）の許諾を受けてください。また、本書を代行業者等の第三者に依頼してスキャンやデジタル化することは、たとえ個人や家庭内での利用であっても一切認められておりません。
JRRC〈https://jrrc.or.jp eメール：jrrc_info@jrrc.or.jp 電話：03-3401-2382〉
この本は2012年刊行のムック『おべんとうの小さなおかずカタログ』から抜粋したレシピに新規のレシピを加えて編集したものです。